中国少数民族人口丛书

撒拉族

翟振武 主编

马伟 马成俊/著

中国人口出版社
China Population Publishing House
全国百佳出版单位

图书在版编目（CIP）数据

撒拉族/马伟，马成俊著．—北京：中国人口出版社，2014.6（2022.7重印）
（中国少数民族人口丛书）
ISBN 978-7-5101-1756-5

Ⅰ.①撒…　Ⅱ.①马…　②马…　Ⅲ.①撒拉族—民族文化—中国　Ⅳ.①K283.2

中国版本图书馆 CIP 数据核字（2013）第 281940 号

中国少数民族人口丛书　撒拉族

ZHONGGUO SHAOSHU MINZU RENKOU CONGSHU　SALAZU

翟振武　主编　马　伟　马成俊　著

责任编辑　张宏文
美术编辑　刘海刚
责任印制　林　鑫　王艳如
出版发行　中国人口出版社
印　　刷　北京兴星伟业印刷有限公司
开　　本　710 毫米 ×1000 毫米　1/16
印　　张　11　插 1
字　　数　150 千字
版　　次　2014 年 6 月第 1 版
印　　次　2022 年 7 月第 2 次印刷
书　　号　ISBN 978-7-5101-1756-5
定　　价　45.00 元

网　　址　www.rkcbs.com.cn
电子信箱　rkcbs@126.com
总编室电话　(010) 83519392
发行部电话　(010) 83510481
传　　真　(010) 83538190
地　　址　北京市西城区广安门南街 80 号中加大厦
邮　　编　100054

序

如果把一个民族比作一颗星星，那我们就是生活在一个繁星满天的世界。当今世界上有约3000个民族，分布在200多个国家和地区，绝大多数国家由多个民族组成。中国也是同样，是由各族人民共同缔造的统一的多民族国家。在漫漫的历史长河中，生活在中华大地上的各族人民密切往来、交流融合、团结奋斗、休戚与共，形成了一个伟大的强盛的中华民族大家庭，共同开发了祖国的美好河山，共同推动了国家的发展和社会的进步。

在中华民族的大家庭中，有56个成员，其中有55个是少数民族。新中国成立以来，少数民族人口一直持续增长。1953年第一次全国人口普查时，少数民族人口总数为3532万人，占全国总人口的6.1％。2010年进行第六次全国人口普查时，少数民族人口总量达到了1.14亿，几乎是1953年的3倍，占到了全国13.4亿人口的8.5％。各少数民族人口数量相差较大，如壮族有1693万人，回族1059万人，满族1039万人，维吾尔族1007万人，而赫哲族只有5354人，塔塔尔族3556人，独龙族6930人。中国各民族的人口分布呈现大散居、小聚居、交错杂居的特点。汉族地区有少数民族聚居，少数民族地区也有汉族居住；许多少数民族既有一块或几块聚居区，又散居全国各地。中国少数民族聚居区大都地广人稀，资源富集。少数民族地区的草原面积，森林和水力资源蕴藏量，以及天然气等基础储量，均超过或接近全国的一半。全国2.2万多公里陆地边界线中的1.9万公里在民族地区。全国的国家级自然保护区面积中民族地区占到85%以上，是国家的重要生态屏障。中国各民族的起源和经济、社会、文化的发展有着本土性、多元性、多样性的特点，五彩缤纷，丰富多彩。

要全面认识中华民族，就要从认识每一个民族开始。正是从这个理念出发，我们编写了这套《中国少数民族人口》大型系列丛书，力图从历史、文化、经济、社会等各个方面，用准确、科学、生动的语言，全方位描述和展现各少数民族灿烂辉煌的历史和现状，编织出一幅绚丽多彩的中华民族大家庭的“全家福”。

编写这样一套大型系列丛书，难度非同一般。几经论证和深入研讨，最终形成了编写大纲，这套丛书各个分卷的作者绝大多数由少数民族作家担任，他们不仅熟悉自己民族的历史和文化，而且对本民族有深厚的感情。在国家新闻出版总署、国家人口计生委和中国人口出版社的大力支持下，作者们历经数年，几易其稿，终成此书。值此丛书出版之际，我们衷心地祈愿这幅“全家福”能为民族的交流和团结，为中国的文化建设，为整个中华民族的繁荣昌盛，作出一份微薄的贡献。

翟振武

2012年5月于北京

PREFACE

Every nationality sparkles like a star in the firmament. Now we have about 3000 stars distributed across the world in more than 200 countries, most of which are multinational. So is China, which consists of a number of nationalities. For centuries, all the nationalities have lived together, worked together and fought together, making China a prosperous unified multinational country.

Of all the 56 nationalities in China, 55 are minorities whose population has been increasing since the founding of The People's Republic of China. According to the first census in 1953, the minority population was about 35. 32 million, accounting for 6. 1 percent of China's total population. By 2010, the number had almost tripled. According to the sixth census, the population of the minorities amounted to 114 million, making up 8. 5 percent of the 1. 34 billion people in China. The population size of minority groups varies a lot. Some of them have a large population, for example, the Zhuang Nationality has a population of 16. 93 million; the Hui has 10. 59 million people and the Manchu consists of 10. 39 million people. Some of the minorities are quite small, such as the Hezhe, the Tatar and the Drung nationalities, which have populations of 5354, 3556 and 6930, respectively. China's nationalities live together over vast areas with some living in individual, concentrated communities in small areas.

Some minorities'concentrated communities are scattered among the Hans, and some Han people also live in the minority communities. Some minorities may have one or more concentrated communities, while their people spread all over the country. Most minorities'concentrated communities have their people sparsely distributed in large areas with abundant resources. The grassland, forest, water and natural gas reserves in areas inhabited by minority people account for about half of China's total. Further, 19 000 kilometers of the nation's 22 000-kilometer land boundary are in minorities'communities. In addition, 85 percent of the country's state-level natural reserves are in the minority areas, making the people important guardians of China's ecology. Each of the nationalities'origin is unique, and their development of economy, society and culture is full of variety.

Only by learning every aspect of the minorities'lifestyle can we have a comprehensive understanding of the Chinese nation. Under this notion, we write this series of books on the Population of China's Minorities to provide a detailed picture of our Chinese nation, with the glorious past and prosperous present of the country's minorities.

It is through trials and tribulations that we write this spectacular series of books. Most of the authors, who have profound knowledge of the minorities and wrote the books with their strong emotions, are members of minority groups. With the great support of the National Publication Foundation, the National Population and Family Planning Commission and China Population Publishing House, the authors completed the books after years of unremitting endeavor.

On the publication of this series of books, we are looking forward to seeing these books contribute to the unity of the Chinese nation and help our country flourish in the future.

Zhenwu Zhai
Beijing
May 2012

目录

Contents

综 述

走进撒拉族

撒拉族人口约13万，80%聚居在青海省循化撒拉族自治县及周边化隆县、西宁市、格尔木市，其余散居在甘肃省积石山保安族东乡族撒拉族自治县、临夏市及新疆伊犁、乌鲁木齐市等地。撒拉族自称“撒拉尔”，周边汉藏等民族一般称其为“撒拉”。撒拉族的主要居住地在黄河沿岸，海拔在1800米左右，当地气候较温和，是青海省优良耕作区之一。在其聚居地有被誉为“高原西双版纳”的孟达天池。

据撒拉族民间传说，在中亚撒马尔罕有一对叫尕勒莽和阿合莽的兄弟，由于不堪忍受当地国王的压迫，便率领族人，牵了一峰骆驼，驮着一部《古兰经》，并带着当地的水和土，向着太阳升起的地方寻找理想的家园。他们一路上历尽千辛万苦，经过新疆、兰州、宁夏，最后于明洪武年间辗转来到今天的青海循化。在那儿，他们的骆驼化成了白石，所带水土和当地水土也刚好相同，于是他们就定居在那儿。

据相关历史记载及研究，撒拉族源自我国隋唐时期突厥乌古斯二十四部之一撒鲁尔部。6世纪前，乌古斯人生活在天山东部。西突厥政权解体之后，乌古斯人大量西迁。9～10世纪，乌古斯人在锡尔河流域创作了流传千年的英雄史诗《先祖科尔库特书》。此史诗被联合国教科文组织于2000年列为全人类重要文化遗产[①]。撒鲁尔人在该史诗中扮演着重要角色。10世纪左右，乌古斯人已信奉了伊斯兰教。

11世纪，包括撒鲁尔人在内的乌古斯人南下，征服阿拔斯王朝，建立了著名的塞尔柱帝国，并定都巴格达。12世纪中叶，撒鲁尔人在今伊朗地区建立了持续近150年的撒鲁尔王朝。在此时期，一部分撒鲁尔人继续西迁，到达今天的土耳其，建立了尕勒莽王朝，并最终于15世纪和其他突厥人共同建立了闻名世界的奥斯曼帝国。留在中亚的部分撒鲁尔人成了今天土库曼人最重要的来源。以尕勒莽为首的部分撒鲁尔人则随同当时的蒙古军队辗转来到中国征战，于13世纪定居于今天的循化。

循化县城一角 （韩锦华摄）

① UNESCO, Address by Mr Koïchiro Matsuura, Director-General of UNESCO, on the occasion of the celebration of the 1300th Anniversary of Kitab-i Dede Qorqud. UNESCO, Aprilq, 2000. 登录联合国教科文组织网站：http：//unesdoc. unesco. org/images/0011/001194/119498e. pdf [2007－8－10].

撒拉族先民在元代被蒙古人任命为积石州“达鲁花赤”，管理包括今天循化等地方。明代，现代意义上的撒拉族正式形成。撒拉族人民在明朝保疆安边的军事行动中，多次立有战功。但到了清代，由于清政府未能客观地对待伊斯兰教及撒拉族内部纠纷，采用残酷打压政策，致使撒拉人民掀起了一次又一次悲壮的反清斗争。新中国成立后，撒拉族被正式确定为我国56个民族之一。

黄河岸边的撒拉人家 （马伟摄）

撒拉族传统社会在历史上形成了“阿格乃”、“孔木散”、“阿格勒”、“工”等社区组织。“阿格乃”意为“兄弟”，是以父系血统为纽带的近亲组织。“孔木散”是指“宗族”，是由阿格乃血缘关系中分化出来的，以父系血缘为纽带的远亲组织。“阿格勒”意为村庄，由几个孔木散组成。“工”是由几个村庄形成的。历史上撒拉族地区有“撒拉八工外五工”的居住格局，即循化地区有八个工，周边化隆地区有五个工。

撒拉族的经济形式主要为种植小麦、辣椒、土豆，种植苹果、核桃树，养殖牛羊鸡，从事商贸餐饮，跑运输等。历史上畜牧业、伐木业等都占有重要地位。

撒拉族信奉伊斯兰教，在其内部有“格底目”、“嘎地林耶”和“依黑瓦尼”等之别。撒拉族地区清真寺星罗棋布。过去，撒拉族地区存在过“尕最”制的宗教制度。在古代，撒拉族先民曾信仰过萨满教。

撒拉族主要使用撒拉语，兼通用汉语文，部分还通藏语或维吾尔语。撒拉语属阿尔泰语系突厥语族乌古斯语组，这种语言为我国所独有。在历史上撒拉族曾使用过一种文字，叫“土尔克”文，这是一种以阿拉伯、波斯文字母为基础的文字。此外，在宗教方面撒拉族还使用阿拉伯文和波斯文。

撒拉族具有丰富多彩的口耳相传的撒拉语民间文学，包括故事、神话、传说、童话、寓言、笑话等。撒拉族民间文学不仅具有悠久的突厥、伊斯兰文化因素，还吸收了藏族、汉族等民族的优秀传统文化。

撒拉族在历史上往往崇尚勇武而轻诗文，其教育形式主要为宗教教育。宗教教育一般在清真寺进行，主要学习《古兰经》和伊斯兰教教义。宗教教育的经典著作既有用阿拉伯语、波斯语、小经形式（用阿拉伯字母拼写汉字）的，也有用土尔克文的。目前，在学校教育中撒拉族孩子用汉语接受现代科技文化知识。

撒拉族男子一般戴白帽子，老人在礼拜时头上缠“达斯达尔”（头巾），身穿长衫。妇女都戴盖头。

在饮食方面，撒拉族现以小麦为主，辅以大米及各种蔬菜。食物形式有馒头、烙饼、焜锅馍、面条、面片、拉面、稀饭、搅团等。过节或举行婚礼期间，则炸油香、馓子、麻花，做油搅团，煮牛羊肉、鸡肉等，并炒各种菜。茶类有奶茶、麦茶、熬茶、三炮台等。由于信奉伊斯兰教，撒拉族禁止吸烟喝酒，忌食猪、马、驴、骡等肉，并忌

吃自死动物和喝动物血。

撒拉族同一“阿格乃”、“孔木散”一般都居住在同一区域。房屋多为平顶泥屋，以木料、泥土结构为主。庭院中都栽种果树、花木等。大房坐北朝南，房檐前雕刻有各式精美花草图案。大房中间是堂屋，两边凸出部分为卧室。孟达地区的人们往往居住篱笆楼房。

婚姻方面，撒拉族实行一夫一妻制，结婚年龄普遍较早，主要实行族内婚，现在与外族之间的通婚也逐渐增多。举行婚礼时，过去有表演骆驼舞的习俗。丧葬方面，撒拉族实行土葬，并讲求速葬。

“古尔邦节”和“开斋节”是撒拉族的两个重要节日。部分群众还庆祝“圣纪节”，纪念伊斯兰教先知穆罕默德的诞辰日和逝世日。

第一章

向东的长歌

第一节 纷乱迭起的中亚

一、乌古斯人的子孙

苍茫而辽阔的蒙古高原历来是游牧者的天下。在8世纪金戈铁马的岁月中，有一支称为乌古斯的人群出现在我国北方的历史舞台上。乌古斯是突厥人的一支，该词出现在8世纪蒙古高原用突厥如尼文写的碑铭上，写作“九姓乌古斯”或“乌古斯”。在中亚伊斯兰学者们的著作中被称作古斯人，西方的拜占庭人称他们为兀思，而浩如烟海的汉文史料也分别留下了“姑师”、“车师”、“护骨”、“纥骨”、“乌讙”、“斛薛”、“乌护”、“骨纥”、“乌骨”、“乌鹘”等多种汉语音译名称。①

享誉国际的突厥学者巴托尔德曾作过精辟的论述，隋唐时期称雄蒙古高原的鄂尔浑突厥汗国的主人就是突厥乌古斯人或是九姓乌古斯

---

① 李树辉．论乌古斯和回鹘．喀什师范学院学报，1999（4）．

人。这些人在长期同自己部落和周边部落的作战中，建立起了有名的草原帝国——突厥汗国。留存于大漠南北的神秘突厥碑铭，至今在风中吟诵着波澜壮阔的英雄史诗。①

6世纪以前，乌古斯人居住于天山东部，《隋书·铁勒传》载：“伊吾以西，焉耆之北，傍白山，则有乌护。”在西突厥政权解体后，乌古斯人便大量西迁，试图夺取西突厥留下的部分领土。在这一时期，乌古斯人与葛逻禄人在锡尔河流域展开了长期的斗争。9世纪中叶，乌古斯人战胜了原来从乌古斯部分离出去的裴奇内格人，迫使后者逃到巴尔干半岛。

乌古斯汗　（马伟摄）

10世纪末，无名作者用波斯文写的地理著作《世界境域志》留下了非常珍贵的记载：10世纪初期乌古斯人的游牧领地东至古斯沙漠和河中诸城镇，南邻古斯沙漠的一部分和可萨海，西面与北面为也的里海。可见，乌古斯人的游牧区域在咸海周围和里海北岸，包括曼格什拉克半岛。乌古斯东邻葛逻禄部落，北连基马克地界，西面是可萨人和保加尔人，南面和东南面为阿巴斯王朝的边远地区，许多穆斯林在此居住。但乌古斯人最主要的根据地是锡尔河中下游地区。②

---

① ［苏］威廉·巴托尔德著，罗致平译．中亚突厥史十二讲．中国社会科学出版社，1984：7.

② 敬东．试论乌古斯突厥蛮塞尔柱克人的联系与区别．西北民族研究，1996（2）.

这时的乌古斯人没有自己的可汗，他们的首领被称为叶护，叶护政权的主要位置在锡尔河下游，养吉干是叶护冬天的驻地。此时的乌古斯政权还是个部落联盟，阶级分化不很明显。乌古斯的首领和人民同甘共苦，众志成城，逐水草而居。①

沧海横流，硝烟弥漫。美丽的锡尔河不仅孕育了一代又一代的乌古斯人，也诞生了无数传说和史诗。传说中的乌古斯是一位伟大的首领，他有六个儿子，分别称为太阳、月亮、星星、天、山和海，这六个儿子又分别有四子，共 24 子，这就是从乌古斯部族延伸出来的 24 部落。② 山汗的长子名为撒鲁尔，属于"三箭"部落的一支。撒鲁尔就是中国撒拉族最重要的历史来源之一。

二、英雄史诗《先祖科尔库特书》

流传千年的英雄史诗《先祖科尔库特书》就产生于锡尔河畔，成为现代土耳其人、阿塞拜疆人、土库曼人以及中国撒拉族的宝贵文化遗产。学者们认为这部史诗是乌古斯信奉伊斯兰以前就产生的。阿塞拜疆共和国政府和联合国教科文组织于 2000 年举行了纪念《先祖科尔库特书》（Kitab-i Dede Qorqud）1300 周年的活动，突厥学界、联合国教科文组织及突厥语族语言国家的组织也一致接受了这一时间。联合国教科文组织总干事 Kochiro Matsuura 在庆祝会上这样评价这部史诗：

> 现在许多人认识到《先祖科尔库特书》的文学和历史价值。口头传统文化是世界的财富，也是不同世代、国家、人民和地

---

① ［苏］威廉·巴托尔德著，罗致平译．中亚突厥史十二讲．中国社会科学出版社，1984：112.

② ［波斯］拉施特主编，余大钧、周建奇译．史集（第一卷第一分册）．商务印书馆，1983：142～145.

区的珍贵的遗产。这不仅是文学传统的问题，伟大的史诗像《伊利亚特》、《摩呵婆罗多》和《先祖科尔库特书》还呈现了历史、社会、政治、民族和地理方面的一系列的特定内容，通过这些内容它强化了个人和群体的身份。通过书面形式，然后通过翻译和广泛的传播，它们成为全人类的遗产。①

这部史诗在当时的西方产生了极大的影响。"突厥史诗总是像一座要塞塔楼，既保护神话与历史、记忆与时代的和谐，也保护它们之间的不和谐，它还是异族武士道路上的路障。山墙上刻有《乌古孜父辈之书》题词的考尔库德的这座'非人工'塔楼在高加索高仰着'不屈的头颅'（普希金语）……"在 20 世纪，史诗全文已先后在土耳其、阿塞拜疆、英国、德国等国出版。②

科尔库特是一个预言家、老者、魔法师、医师、萨满、巫师，通过他的说唱，史诗表现了乌古斯部英雄题材的 12 种场面。在全书 12 章中，有 4 章是专门歌唱来自撒鲁尔部的撒鲁尔喀赞（Salur Kazan）及其家庭成员，在其他章节中他的影响也无处不在，因此，撒鲁尔喀赞成了这部史诗中最重要的英雄主人公。

撒鲁尔喀赞出自内乌古斯，但他的权力达到了整个内外乌古斯部，在危机时刻，是他召集各部领导人应对困难。每隔一年，他都要在战利品盛会上款待乌古斯各部头人，这个盛会是为了适应英雄社会的需要而形成的。在这一年一度的宴会的最后时刻，撒鲁尔喀赞把自己的

① UNESCO，Address by Mr Kochiro Matsuura，Director-General of UNESCO，on the occasion of the celebration of the 1300th Anniversary of Kitab-i Dede Qorqud . UNESCO，9 April 2000. 登录联合国教科文组织网站：http：//unesdoc. unesco. org/images/0011/001194/119498e. pdf [2007—8—10] .

② ［阿塞拜疆］雅沙尔·卡拉耶夫．操突厥语族语言民族的"父辈经典"——先祖考尔库德书．中央民族大学学报，2000（2）.

家庭成员安排到安全的地方，然后邀请各部头领来“抢劫”他的帐房，这些头人们随意地“抢走”他们所需要的任何物品。

在整个史诗中，撒鲁尔喀赞成了一个最著名的历史人物，他的名字后来反复出现在早期有关乌古斯历史的文献中。他是个典型的乌古斯男子和勇士，他是“突厥斯坦的支柱……穷人的希望，武士在困境中的力量源泉”。与他的这种历史性有点相矛盾的是，史诗赋予了他一些超人的力量：他能准确地预言自己恶梦中的灾难；他能和自然界的动物交流思想；他杀死了从天而降的七头妖魔等。①

三、撒鲁尔人的迁徙与分化

在锡尔河时期，撒鲁尔部占有显著的地位，许多其他部落都被认为是从撒鲁尔部分化发展而来的。当时从锡尔河到阿姆河再到木尔合卜河的地方都属于居住在养吉干的乌古斯阿里汗。他儿子沙马里克的暴躁脾气引发了由托格里尔领导的反叛。结果沙马里克被杀，阿里汗不久也去世。这导致了乌古斯各部的纷争，绝大部分乌古斯人遂迁向其他地方。那些留在锡尔河和阿姆河河口的乌古斯人承认托格里尔是他们的汗，在此基础上逐渐崛起的是塞尔柱帝国。相当一部分乌古斯人包括撒鲁尔人迁到曼格什拉克半岛。大约一万帐的撒鲁尔人去了呼罗珊，之后到了伊拉克和法尔思。②

11世纪中叶，这个乌古斯集团出现在俄国南部。他们由于和另外一个突厥部落钦察人战争而被迫向西推进。这些乌古斯人深入推进至多瑙河下游，然后渡河进入巴尔干，但在那里他们最后以失败而告终。

---

① Ahmet E. Uysal and Warren S. Walker. Austin，translated from Turkish into English and edited by Faruk Sümer. *The Book of Dede Korkut*（*Kitab-i Dede Qorqud*）. University of Texas Press，1972:. ⅩⅤ～ⅩⅥ.

② V. V. Barthold，translated by V. and T. Minorsky. *A History of Turkman People*. in *Four Studies on the History of Central Asia*. Leiden：E. J. Briill. 1962：131～132.

而以塞尔柱人为核心的另一部分乌古斯人在波斯和小亚细亚取得了非常辉煌的成就。[①]

关于乌古斯人皈依伊斯兰教的时间，并无可靠的史料记载，但最晚于10世纪左右，乌古斯人（包括撒鲁尔人）就皈依了伊斯兰教。当乌古斯人变成穆斯林后，一个新兴的名称“土库曼”取代了乌古斯[②]。

10世纪末至11世纪，以塞尔柱为核心的乌古斯人（包括撒鲁尔人）开始南下，夺取了马鲁、内沙布尔、伊斯法罕、阿塞拜疆、巴格达、拜占廷亚美尼亚省首府阿尼、耶路撒冷、大马士革、麦加、麦地那、小亚细亚东部等地，并俘获了拜占庭皇帝，最终建立了版图东至中亚并与中国接壤，西达叙利亚和小亚细亚，南临阿拉伯海，北接俄罗斯的塞尔柱帝国。[③]

撒鲁尔人在塞尔柱帝国的形成过程中战绩辉煌，后来撒鲁尔人治理着法尔思地区（在今伊朗地区）。随着塞尔柱帝国的衰落，撒鲁尔人在其首领宋廓尔（意为“鹰隼”）的领导下，最终夺取了设拉子城，于1148年宣布独立，建立了自己的政权，史称撒鲁尔阿塔伯克。该王国在鼎盛时期曾一度控制波斯湾周边地区。[④]

与此同时，一部分撒鲁尔人西迁到了安纳托利亚高原，在当地建立起自己的统治，其中有名的是尕勒莽王朝。尕勒莽王朝是14世纪末塞尔柱帝国解体以后在小亚细亚建立起来的最重要的一个土库曼王朝。

---

① ［法］勒尼·格鲁塞著，魏英邦译．草原帝国．青海人民出版社，1991：170.

② 敬东．塞尔柱突厥与中亚．兰州教育学院学报，1995（1）；Golden，Peter B. *An Introdution to the History of the Turkic Peoples：Ethnogenesis and State-Formation in Medieval and Early Modern Eurasia and the Middle East*. Otto Harrassowitz. Wiesbaden，1992：213.

③ 中国伊斯兰百科全书编辑委员会．中国伊斯兰百科全书．四川辞书出版社，1996：471.

④ ［伊朗］阿宝斯·艾克巴尔·奥希梯扬尼著，叶奕良译．伊朗通史（下）．经济出版社，1997：602～608；J. A. Boyle. *The Cambridge History of Iran*. London：The Syndics of Cambridge University Press. 1968：172～173；［波斯］拉施特主编；余大钧，周建奇译．史集（第三卷）．北京：商务院书馆，1983：361～363.

在相当长的一段时间里，尕勒莽人是奥斯曼人最强劲的对手。这个王朝的名称源于一个土库曼首领尕勒莽，他在14世纪中期蒙古入侵时期获得了一定程度的独立。尕勒莽人来源于撒鲁尔土库曼部落中的尕勒莽部。拉罗丹城和周围的地方在后来被称为尕勒莽，甚至于整个安纳托利亚的南部沿海地区被称为尕勒莽尼阿，这些都归因于这个王朝的名称本身。在古老的奥斯曼编年史中，尕勒莽人作为王朝统治者反复出现，16世纪的欧洲学者也提到“高贵的尕勒莽”。这个王朝的领地位于现在的尕勒莽省一带。尕勒莽人最早在此建立了突厥语国家，从14世纪到1467年融入奥斯曼帝国期间，这个国家是安纳托利亚地区势力最强大的国家。后来，奥斯曼人兴起后，才超越了他们。

这个王朝也因其第三任统治者尕勒苯奥格鲁·麻赫麦提·伯（Karamanolu Mehmet Bey）而闻名。他是土耳其历史上第一个宣布土耳其语为官方语言的人。在他之前，安纳托利亚的塞尔柱上流社会在文学方面使用波斯语，在政府管理和科学工作方面使用阿拉伯语，但普通突厥百姓不懂这些语言，所以他颁布法令在国内禁止使用波斯语和阿拉伯语。尽管未能取得令人满意的结果，但这却成为安纳托利亚历史上的重大事件，土耳其语从此成为官方语言。如今土耳其的撒鲁尔人已和其他土库曼突厥人融合为一体了，但在安纳托利亚的不同地区仍有许多以撒鲁尔命名的村落。[①] 这些名称有不同的拼写形式，如Salur、Salar、Salir、Salurlu、Salarli等。有些人还以Karaman或Salur作为他们的姓。[②]

塞尔柱帝国解体后，部分撒鲁尔人在首领乌古尔吉克的率领下，去往里海沿岸的曼格什拉克。沿路经历了一番刀光剑影的拼杀后，撒鲁尔人损失惨重，但最终他们仍成功到达曼格什拉克。3年后，他们又

① M. Th. Houstma，A. J. Wensinck，H. A. R. Gibb，W. Heffening and E. Levi-Provençal ed. *The Encyclopaedia of Islam*. 1934. London：E. J. Brill，Leyden：Vol.Ⅱ，748～752.

② 个人调查，2010年、2013年于土耳其。

被迫向南行，到达了巴尔干山脉。乌古尔吉克有 6 个儿子，其中较长的两个是约穆特部和爱尔撒里部的祖先，其他的是内撒鲁尔人的祖先。在 16 世纪，内撒鲁尔居住在海边，而外撒鲁尔居住在远离海边的去往花拉子模方向的地方。① 内外撒鲁尔的区分，一直延续到 16 世纪土库曼南部的撒鲁尔人当中。这些撒鲁尔人在曼格什拉克半岛和巴尔干山脉一带保持着一个称为撒鲁尔的部落大联盟。撒鲁尔是为数极少的从乌古斯时代延续发展到今天的一个族群。在 17 世纪末，这个部落联盟解体，其中三支迁到东方，然后到了南方。约穆特部分化为东、西两部，特克部迁到了阔匹特山的阿喀尔地区，之后逐渐到了穆尔加布河盆地。其中一支仍继续保留着撒鲁尔的名称，并迁到咸海以南呼罗珊绿洲的阿姆河三角洲地区，咸海东南方向的阿姆河中游地区，今天阿什哈巴德北部的阿喀尔绿洲和伊朗边界阔匹特山一带，以及今天土库曼斯坦的穆尔加布河地区。② 20 世纪 20 年代，集中居住在土库曼斯坦撒热赫斯和散居在土库曼和伊朗边境靠近哈里鲁德的撒鲁尔人认为自己是最古老、最高贵的土库曼人。③

第二节　举族东迁

一、万里东迁

13 世纪蒙古人开始兴起，当派到中亚花拉子模的使节被斩杀后，

---

① V. V. Barthold, translated by V. and T. Minorsky. *A History of Turkman People*, in *Four Studies on the History of Central Asia* [M]. Leiden: E. J. Briill. 1962: 132.

② Library of Congress-Federal Reseach Division, USA. *Country Studies: Turkmenistan.* http://www.mongabay.com/reference/country-studies/turkmenistan/History.htm [2007－8－27].

③ M. Th. Houstma. A. J. Wensinck, H. A. Gibb, W. Heffening and E. Levi-Provençal ed. *The Encyclopaedia of Islam*. 1934. London: E. J. Brill, Leyden: Vol. Ⅳ, 119～120.

被激怒了的成吉思汗决定西征。强大的蒙古铁骑在1215～1256年，曾发动了三次大规模的向西征伐。在40多年的时间中，蒙古人征服了今新疆及葱岭以西、黑海以东的大片地方。蒙古西征不仅打乱了中亚甚至欧洲的历史发展进程，也深刻影响了今天我国民族格局的形成与发展。回族、东乡族、保安族、撒拉族等一些西北少数民族的形成与发展也与这一历史大背景密切相关。

七八百年来，在撒拉族人的历史记忆中有个美丽的传说：在中亚撒马尔罕地方有一对兄弟，哥哥叫尕勒莽，弟弟叫阿合莽。他们在老百姓中很有威望，所以国王非常忌恨，便设法迫害他们。尽管两兄弟成功地化解了危机，但他们毅然决定离开自己的故乡，到遥远的东方寻找新的乐土。于是，兄弟俩率领族人，牵了一峰白骆驼，驮着故乡的水、土和《古兰经》，离开了撒马尔罕。在经历了飞沙走石、冰天雪地的艰难险阻之后，他们终于到达了青藏高原东缘的黄河岸边——今

骆驼泉　（马伟摄）

天的青海省循化地区。和他们朝夕相处、患难与共的白骆驼也永远化为石头，在循化县的街子村形成了神奇的骆驼泉。

二、历史的再现

遥远的历史壮举在祖祖辈辈的渲染传述中逐渐附上了神奇浪漫的色彩。也许有人对此不以为然，但透过这似乎有点离奇的情节，学者们敏锐地捕捉到了关于撒拉族来源的蛛丝马迹的线索，为研究撒拉族历史文化提供了极有价值的材料。学者们一致认为，其中关于撒拉族先民从撒马尔罕一带迁来的说法有着很大的历史价值。对此，他们还从不同方面进行了论证，我们不妨将其简述如下：

经过国内外语言学家的调查研究，发现撒拉语与周围的汉藏等民族的语言在语音、词汇、语法等方面有着明显的不同，而与中亚一带的突厥语有着许多共同的特点，撒拉族人可以和土耳其人、土库曼人、维吾尔人、乌兹别克人等进行简单的交流，因为这些语言的基本词汇和语法是一样的。语言学家都把撒拉语归入突厥语族，认为撒拉语属于阿尔泰语系突厥语族西匈语支乌古斯语组。撒拉族和这些民族远隔千山万里，如果在历史上没有极为亲密的同源关系，就很难理解他们的语言之间有着如此惊人的一致性。

撒拉族在体质上与周围汉藏等民族也有着较大区别，而与中亚一带的人很相似。曾有学者对撒拉族进行了体质调查研究，调查地点在循化撒拉族自治县街子乡，该乡是一个撒拉族人口占95％的大乡镇。通过分析，发现：

> 青海撒拉族人除具有汉族人、蒙古族人、东乡族人和保安族人所具有的体质特征外，也显示出撒拉族人独有的特征……青海撒拉族人与新疆哈萨克族、柯尔克孜族的体质特

征十分相近，与新疆的锡伯族人、维吾尔族人和蒙古族人、藏族人较为相似，而与东乡族人、保安族人、裕固族人相远。①

对于这种结果，学者们并不感到奇怪，与突厥民族在体质上的相近表明了撒拉族与这些民族在历史上的某种渊源关系，而与藏族的相近则表明了撒拉族在迁到循化后与藏族间发生的姻亲关系。

我国历史文献也提供了有关撒拉族东迁的一些蛛丝马迹的信息。成书于清代乾隆年间的《循化志》载："我们（撒拉族自称）是从哈密来的，住了三百六十一年，我们的教门是一个……"之后的《甘宁青史略》载："撒拉族元时由新疆入内地，居河州所属之循化……"这些记载说明撒拉族途经新疆的历史。而 14 世纪波斯人拉施特所著《史集》详细记载了撒拉族的先民撒罗儿渊于乌古斯的四子塔黑汗，而且乌古斯的诸兄弟及归附于他的堂兄弟为畏兀儿、康里、钦察等族，说明撒拉族的先民在历史上与维吾尔族有较密切的联系。

在英文版《伊斯兰大百科全书》中，对撒拉族先民迁徙循化的历史作了如下记载：

撒拉族原来名叫撒鲁尔，是乌古斯部落中的一个部落，这个部落及其名称是起源于达罕的长子，达罕则是乌古斯汗的六个儿子之一。这个部落很早就从赛浑河一带、伊犁及热海等地区迁入河中、花剌子模及呼罗珊。最后，一部分人定居在东部安纳托利亚。在小亚细亚塞尔柱帝国历史中，撒鲁尔人是占有重要地位的。由于塞尔柱人旨在实行各个方面分散乌古斯部落的政策，结果大部分撒鲁尔人遂向西迁移，留

① 郗瑞生，戴玉景，薄岭．青海撒拉族体质特征研究．人类学学报，1995（1）．

在马鲁及撒拉克的一部分人在较后的历史中被泛称为土库曼人，其中一部分人，根据几位学者的意见，在1370～1424年取道撒马尔罕，经过吐鲁番、肃州到西宁，在那里定居下来，成为现在甘肃省的撒拉族。①

撒拉族与中亚民族在文化方面相似之处也颇多。撒拉族信奉伊斯兰教，而且他们东迁时带来了一本《古兰经》，这说明撒拉族初至循化之前就已经信仰伊斯兰教，与中亚一带的突厥民族同信一种宗教。此外，在撒拉族文化中有一种不太为人所关注的特殊文化现象，如撒拉族人观念中普遍有七层天或九层天的说法；不能用脚使劲踩踏大地，因为地是有生命的；不能往火中撒尿，也不能从火上面跨越；不能用手指着太阳和月亮；不能砍伐老树，因为老树中的精气等不一而足。这其实就是原始萨满文化在撒拉族文化中的遗存。这种甚至和伊斯兰文化相冲突的原始文化的存在绝不是偶然的。在古代，我国北方的草原游牧民族普遍信仰过萨满教，现在许多突厥民族中仍然还有萨满文化的痕迹。

口头传承与历史背景的一致性也提供了撒拉族来源于撒马尔罕一带的一个证据：撒拉族在举行婚礼的夜晚有表演“骆驼舞”的习俗，其中讲到，撒拉族先民是从撒马尔罕来的，他们牵着骆驼，驮着《古兰经》及当地的水和土，路上经过金扎明扎（撒马尔罕的地域）、北京、兰州、甘家滩，然后到了循化。② 传说中的历史事实是值得注意的，因为13世纪左右，蒙古军队西征时，曾带来大批中亚人到中国，我国西北的东乡族、保安族也基本形成于此时，而且都和中亚回回人

① M. Th. Houstma, A. J. Wensinck, H. A. R. Gibb, W. Heffening and E. Levi-Provensal ed. *The Encyclopaedia of Islam*. 1934. London: E. J. Brill, Leyden: Vol. Ⅳ, 199～120.

② 热合曼．1999年1月于青海省循化县孟达大庄个人田野调查。

有关。撒拉族很可能与这一历史背景有关。因此，研究历史的学者们已基本达成了一个共识，即撒拉族就是当时蒙古军队的一支签军。[①] 而且，撒拉族的来源与中亚地区的撒鲁尔王朝有着密切的关系。

1. 从时间上看，中国撒拉族先民可能源自撒鲁尔王朝的撒鲁尔人。撒拉族先民到达现在中国青海的时间已被学者们认为是在元代。这种论断不仅有撒拉族自己的口传依据，而且最重要的是有中国汉文史料的证据。乾隆时期编修的《循化志》卷五记载："（撒拉族）始姐韩宝，系前元达鲁花赤。明洪武三年五月邓大夫下归附，六年收集撒剌尔，世袭百户。"[②] 撒拉族先民在元代就已是达鲁花赤，证明他们到达中国的时间绝不可能在明代。由此可见，撒拉族先民移居今循化的时间最晚在 13 世纪末。而撒鲁尔王朝从立国到解体的时间（1148～1286 年）也刚好经历了 12～13 世纪。撒拉族先民在撒鲁尔王朝时期或王朝解体以后迁到中国，从时间上来说是可能的。

2. 从当时蒙古帝国与撒鲁尔王朝的关系来看，中国撒拉族的先民可能源自撒鲁尔王朝的撒鲁尔人。在蒙古西征时期，为了免遭屠城之灾，撒鲁尔王朝艾布·白克尔归顺了蒙古窝阔台汗王，后者也册封艾布·白克尔为"幸福之汗"。艾布·白克尔还每年派其儿子或一侄子觐见蒙古汗王，并缴纳赋税，并对蒙古人提供各种便利的条件。后旭烈兀到达河中时，艾布·白克尔派要员远道相迎。当旭烈兀出征巴格达时，撒鲁尔王朝穆罕默德沙也领兵参战。撒鲁尔王朝在后期时代，实际上完全依附于伊利汗国，王朝的最后一任统治者也和蒙古王室联姻。这一切说明了撒鲁尔王朝和蒙古帝国的特殊关系。因此，如果撒鲁尔王朝的部分撒鲁尔人作为蒙古军队的一部分来到中国而担任积石州世袭达鲁花赤一职是完全可以理解的。

---

① 芈一之．撒拉族史．四川民族出版社，2004：36.

② 龚景瀚．循化志．青海人民出版社，1981：219.

3. 从可查史料来看，中国撒拉族的先民可能源自撒鲁尔王朝的撒鲁尔人。除了撒鲁尔王朝外，在目前可见的史料中，看不到任何撒鲁尔人与蒙古军队有过什么联系，更不用说有什么密切的关系。而中国撒拉族的先民初到今循化时就被蒙古人封为达鲁花赤，这说明他们与蒙古人的关系是非同一般的。而且，撒马尔罕、马鲁、玉龙赤杰等可能与撒鲁尔人有关系的城市，在被蒙古军队占领以后，除小部军队突围之外，绝大部分反抗士兵被杀死，同时，大量的色目人从这些城市被带回中国，这些色目人也都是工匠艺人。从撒拉族先民在元代就任达鲁花赤之职来看，撒拉族先民为工匠艺人的可能性较小。根据撒拉族自己的文献，撒拉族的聚居地——今循化地区是由他们“占领”的。[①] 可能的情况就是撒鲁尔人与蒙古军队共同攻克了今循化这个地方。在兵荒马乱时期，若非是一定规模的军队，工匠艺人或从商人员等普通人民从遥远的中亚来到中国腹地占领一块地方是难以想象的。再根据撒拉族在明清以及民国时期崇尚勇武且多次立军功的表现来看，撒拉族的先民初来之时也应该是军人。如果撒拉族的先民是军人，那么，他们出征中国之前就应该与蒙古人有着很好的关系，而在有史可查的资料中，只有撒鲁尔王朝的撒鲁尔人与蒙古军队保持着这样的关系。所以，就目前可见的证据而言，撒拉族先民源自撒鲁尔王朝的可能性最大。

4. 从撒拉族所珍藏的《古兰经》珍本来看，他们可能与撒鲁尔王朝有关。根据撒拉族目前所拥有的传世手抄珍本《古兰经》来判断，他们在东迁之前也应该有着特殊的地位，因为，普通百姓获得此种古兰珍本的可能性很小，但如果撒鲁尔王朝的撒鲁尔人拥有这样的《古兰经》则并不奇怪。2004 年 9 月 8 日，由国家文物局和国家宗教局联合组织的专家考察团一行 6 人到青海省循化撒拉族自治县街子清真寺，考察鉴定了该寺所珍藏手抄本《古兰经》的历史渊源，之后专家组成

---

① 韩建业．土尔克杂学（手抄本）．青海撒拉族史料集．青海人民出版社，2006：4.

员之一陈进惠先生撰文认为该《古兰经》是在阿拔斯王朝时期，即11世纪左右形成的。根据笔体推断，此经很有可能由名家书写。“阿拔斯王朝（749～1258年）是阿拉伯书法形成发展的鼎盛时期，书法家蜂拥辈出，其中被称为书法三杰之一的伊本·班瓦卜（？～1022年）就是这一时期著名的《古兰经》缮写家，他一生写了64部《古兰经》，流传各地，已知保存至今的尚有两部：一部在爱尔兰的都柏林，一部在土耳其的伊斯坦布尔，其余62部下落不明。”① 撒拉族所藏《古兰经》是否与此有关，还有待于进一步研究，但根据陈先生的意见，这部抄本出自阿拔斯王朝时期是肯定的，且很有可能出自名家之手。那么，谁能收藏这样的珍本呢？是平民百姓的可能性很小。在撒拉族先民到了中国以后，这部《古兰经》也一直由作为上层统治人物的“尕最”（宗教法官）保管，直到近年来才被存放于撒拉族的祖寺——街子清真寺当中。而在11世纪，阿拔斯王朝实际上由塞尔柱帝国控制，阿拔斯王朝的新都巴格达也变成了塞尔柱帝国的首都。在一段时期内，撒鲁尔王朝也与巴格达的塞尔柱人有着较为密切的关系。因此，在那个时期，来自撒鲁尔王朝的撒鲁尔人获得一部出自名家之手的手抄本《古兰经》并把它带到中国也是完全可能的。

撒拉族珍藏的中国最古老手抄本《古兰经》　（马伟摄）

因此，中国撒拉族先民可能为13世纪撒鲁尔王朝的撒鲁尔人，他们是作为蒙古军队的组成部分而举族东迁至中国的。

---

① 陈进惠．对撒拉族珍藏手抄本《古兰经》鉴定的初步见解．中国穆斯林，2004（6）．

第三节　受命世袭达鲁花赤与土司

一、镇守官“达鲁花赤”

在蒙古帝国的扩张过程中，来自中亚的色目人发挥了重要的作用。铁木真在统一蒙古诸部时曾被克烈部王罕打败，在班朱尼河同饮河水者只有19人，其中就有3名色目人。在攻打西域和中国北方时，一些色目人也为蒙古人充当使臣或刺探情报，同时有数以万计的色目人被编入军队，称为“回回军”。蒙古军队在占领一座城市后往往设官员进行施政，而当时的许多色目人被委以重任。

包括今天的撒拉族所在地区循化的青海省在元代时期由三个军政区域管辖。农业区和牧业区有不同的管辖机构。当时青海省的东部农业地区由行省管理，而牧业区由宣政院管理。在金时期，黄河以南农业区由金国临洮府路积石州等治理。元代，在此地区继续设立积石州等机构，由西安的陕西等处行中书省管辖。同时，当时青海的安多藏族地区由设在河州的吐蕃等路宣慰使司管辖。而撒拉族所居的黄河南岸属于农牧交汇地带，由陕西行省和吐蕃宣慰司交叉管理，民事方面由行省管理，军事和游牧事宜由宣慰司管理。撒拉族今天所在地循化县当时归积石州管辖，积石州治所位于积石山下黄河沿岸的积石关东面。位于黄河北岸的积石山东西延伸，长三十多公里，重峦叠嶂，峭如斧削，高触蓝天，下镇黄河，被誉为循化境内第一名山。据传大禹曾在此治过水，在县境东面的黄河峡谷中还残留着流传中的大禹导河的遗迹。由于其地理位置十分险要，历代王朝曾多次在此峡口筑关建庙，派重兵把守，故有“积石峡关”之称，明清时期为西陲重镇河州卫所辖二十四关中的第一关。清人诗云：“地险天成第一关，岿然积石出群山。登临慨想神人泽，不尽东流日夜潺。”

蒙古人在占领积石州后，设“达鲁花赤一员，元帅一员，同知一员，知事一员，脱脱禾孙一员”。达鲁花赤为掌印官，是积石州的主要官员。积石州的这一最高职务由撒拉族人担任，并且世代相袭。在清代乾隆年间编修的《循化志》中记载：（撒拉族）始祖韩宝，旧名神宝，系前元（积石州）撒剌儿世袭达鲁花赤。那么，韩宝为谁呢？既然撒拉族始祖韩宝在元代已经是世袭的达鲁花赤，那么，很有可能就是他祖父尕勒莽在率领其族人从中亚随军迁到中国后就已经担任了积石州的最高长官。因为，在撒拉族自己的民间文献中明确记载韩宝为尕勒莽的孙子。来自异邦的人士在到达中土后马上被委以重任，唯一可能的解释是撒拉族先民当时的身份非常特殊，他们可能积极参与了蒙古人开疆拓土的军事斗争。镇守和管理一个刚刚取得的西陲边地，不仅要求有较强的施政才能，更要有一定的军事力量。撒拉族先民世袭达鲁花赤一职显然说明他们具有这两方面的能力。世袭军事重地要职，使得撒拉族在元朝统一的多民族国家的形成中也做出了自己的贡献。

二、土司制度

元朝灭亡后，撒拉族首领韩宝于1373年（洪武六年）被任命为世袭百户，后又授予“昭信校尉管军百户”称号，为武职土司，正六品。到其嫡孙韩贵时升为副千户，从五品。明朝的土司官位分为九级，其名称为指挥使、佥事、同知、宣慰使、千户、百户等，“从三品至从七品，皆无岁禄”。土司有印信。此时，撒拉族土司已被檄调从征七次，屡立战功。至清雍正七年（1729年），由于撒拉族人口的增加，清政府在撒拉族地区设土千户两人，任命韩大用为“保安堡撒喇土千户”，管辖下六工中五工和上六工中查汗大寺工；韩炳为“保安堡撒喇土千

户”，管辖上六工中五工和下六工中清水工。上六工土司的属民是撒拉“四房”，全是韩姓，有街子、草滩坝、查加、苏只、别列五工和清水工人民。下六工土司管理张哈、乃曼、孟达、夕厂、打速古五工和查汗大寺工，属民是撒拉“五族”，“马姓十居其九”，其次是沈姓等。当时，即使住在上六工土司驻地街子工的百余家马姓，也归下六工土司管。所以人们把下六工土司称作“马土司”。

在明代至清初的三百多年间，撒拉族土司的主要职责是朝贡、征调、保塞。其所管辖人民，不编册籍，不纳赋税，也就是说：只要在政治方面服从中央王朝权威，在其内部可以“自治”，土司就是“自治皇帝”。自清政府设营立厅后，撒拉族土司除了有以上职责外，还要缴纳赋税。

撒拉族聚居的循化地区东有二十四关，周围多是番族。撒拉族需要维护这一带的封建秩序。由于撒拉族土司的苦心经营，从明代到清初的相当长时间内，这里未发生过失控的局面。朝贡，其意义主要体现在政治方面。通过朝贡，可以显示对皇朝的服从，可以宣扬朝廷威严，增强整个国家的内聚力和向心力。撒拉族土司大约三年一贡，贡物主要为马、酥油等，而皇帝的回赐为彩缎等。征调是土司的主要职责。在明代，撒拉族土司有额设土兵120名，曾到南京参加检阅。在明代的270年中，撒拉族土兵就被大规模地征调过17次，其中12次是抗击蒙古贵族袭扰明帝国边塞，其余5次是征剿反明武装斗争。撒拉族土司的活动范围，曾远至今天的四川、甘肃、宁夏、陕西甚至江苏南京等地。虽然撒拉族土司为封建王朝服务，但在客观上为维护祖国边疆的统一起了一定的积极作用。

清初，撒拉族土司未正式袭职，史料也无记载随军作战情况。至康熙十六年（1677年），靖逆将军张勇委韩愈昌为“随征都司”，跟从张勇作战。雍正元年（1723年），年羹尧调韩炳、韩大用在阿尔加囊索（碾伯县境内）征战。雍正二年（1724年），年羹尧又调二人赴桌子山作战。雍正七年（1729年），保安堡兵变和马满舟事件中，撒拉族土司帮助清军平乱。乾隆四十六年（1781年），土司率兵前往兰州镇压本族义军。乾隆四十九年（1784年），土司率兵帮助清军平定田五起义。嘉庆年间，由于活跃于湖北、陕西、四川一带数十年的白莲教徒给周边社会造成很大影响，惊恐不安的清政府担心清军的战斗力，便调用了八旗军，并决定有山区作战经验的"番兵"也参与战斗。撒拉族3200人在土司韩昱、韩光祖的带领下参与了此行动。[①] 韩光祖因水土不服，病疫行间。[②] 嘉庆十二年，镇压"西番"叛乱时，那彦成征调撒拉族。土司韩辉宗、韩卿等撒拉族上层人物因军功而受赏。[③]

由于撒拉族在乾隆四十六年的反清起义极大地震撼了清廷，因此，在后来的调用撒拉族土司和土兵时，慎之又慎。《筹办夷务始末》卷七，道光二十二年（1842年）六月甲辰条中有如下记载：

> 杨威将军弈经又奏，再奴才查行甘肃循化一带，有撒拉尔回民，极为骁健，鸟枪精熟，且素知纪律，散处河湟一带，并熟悉水性，此项回民，素不食粮。近年青海各处，遇有番案，屡经调用，颇为得力。可否请旨，饬下陕甘总督，酌调三五千名，拣派武职大员管带。或拨赴天津，或指赴江南，实于军务有益。硃批，尤属不可之事。

当时为鸦片战争末期，英军攻陷了定海、领海，其先头部队从宁

---

① 嘉庆二年五月初九上谕见《撒拉族档案史料》. 青海民族学院民族研究所编印，1981：165.

② 嘉庆二年九月初三上谕见《撒拉族档案史料》. 青海民族学院民族研究所编印，1981：169.

③ 宋挺生校注. 那彦成青海奏议. 青海人民出版社，1997：89.

波进而进攻上海。弈经时任扬威将军，他奔赴浙江，试图夺回失地，最后却大败而归。上述的奏请是此时提出来的，为了对付英军，打算调用黄河上游的撒拉族。尽管弈经给撒拉人以高度评价，但道光皇帝批文“尤属不可之事”。① 由于显赫的军功，明清王朝也对撒拉族土司韩宝、韩撒都剌、韩贵、韩琦、韩恺、韩清、韩通、韩增、韩进忠、韩愈昌、韩沙班等给予了厚赏。这使得撒拉族在整个西北地区也有显著的地位。但他们对此付出的代价是沉重的。明代土司传10人，其中8人被征17次，有4人因之丧生。清代，也有土司出征而亡的记载。②

第四节　新民族的诞生

一、与藏族的通婚

撒拉族先民初到循化时，人口很少。不久，便面临一个重大抉择：或者融合于其他民族之中，或者吸收其他民族新鲜血液而保持其独立性。撒拉族先民凭借其智慧，勇敢地选择了第二条道路。当时的循化地区的藏族便成为撒拉先民扩大成员的主要对象。在经历了几个世纪的风风雨雨后，历史的传说还在当地撒拉族和藏族当中留传：撒拉族先民在循化定居下来后便向邻近的边都沟（文都）的藏族求婚。藏族表示同意通婚，但却提出四个条件：第一，供拜藏传佛教菩萨；第二，在屋顶安设嘛呢筒；第三，在庭院中立木杆，上悬藏文经旗；第四，接受藏族的某些风俗习惯。撒拉族信仰伊斯兰教，觉得前三个条件与其信仰相抵触，是断不能接受的，因此经过商谈，撒拉族拒绝了前三个条件而接受了第四个条件，藏族也同意与撒拉族通婚，这样使得撒

① ［日］片冈一忠．试探清代的撒拉族．秦永章，李丽译．青海民族研究，1991（4）．

② 撒拉族简史．青海人民出版社，1981：14．

拉族人口开始增长。[①]

撒拉族与藏族之间的血亲关系，不仅发生于撒拉族的形成时期，而且始终贯穿于以后长期的发展中。如乾隆四十六年（1781 年）反清起义著名领袖，清水阿什匠人韩二个之母就是保安（今属同仁县）番女。[②] 当时撒拉族居住的“工”中也有藏族居住，甚至一村之中还有撒拉族与藏族杂居的。《循化志》卷四说：“撒拉各工，番回各半。”又说：“考撒拉各工，皆有番庄。查汗大寺有二庄，乃曼工有六庄，孟达工有一庄，余工亦有之，且有一庄之中，与回子杂居者。”[③] 清水阿什匠村一直是藏撒杂居，只是到了 20 世纪初期，居住在该村落的藏族才迁到黄河北岸的加入村和邻近化隆县的金源乡科布等地。在阿什匠村还留有藏族的玛尼房、火葬台等遗迹。清水乡的马儿坡村也是藏撒杂居，后来藏族才迁到黄河对岸的阿麻岔村以及道帏乡等地，临走时还将原来玛尼房的木料送给了清水拱北。玛尼房的田地，撒拉人现在还叫“玛尼房等地”。白庄镇的山根村、九家平，撒拉人现在仍叫藏族村，白庄的贺隆堡、化隆的曲玛儿、塔玛儿等相当长一段时间里都是藏撒杂居村。

清光绪年间，撒拉族地区反清斗争连绵不断，社会动荡不安，一些人趁机聚啸为匪，东掠西抢。有一年，曾有几百土匪从甘南拉卜楞一带向循化白庄方向袭来，撒拉庄子遂派人堵截。土匪们大为恼火，扬言要烧掉撒拉人的科哇清真寺以作报复。在紧急时刻，夕昌地区的藏族立即派几百名藏族群众前来协助保护清真寺，土匪闻风才不敢贸然行事，半途而返，科哇清真寺连同科哇群众躲过一场浩劫。在后来的民国时期，河州马仲英武装反对国民军，败北后逃到循化等地，扬言要烧掉夕昌喇嘛寺院，科哇撒拉族群众挺身而出，和藏族人民共同

---

① 《撒拉族简史》编写组．撒拉族简史．青海人民出版社，1981：14.

② 龚景翰．循化志（卷四）．青海人民出版社，1981.

③ 指撒拉族。

保护了该寺院。[①] 这种互助合作的关系一直成为两个民族之间的佳话。时至今日，撒拉族与藏族杂居地区逢年过节，他们都带着自己的礼品相互道贺。如藏族过“洛撒尔”（新年），附近有朋友关系的撒拉人都带些果品之类的特产前往祝贺。在撒拉人的“尔德节”来到之时，藏族同胞也前来恭贺。

科哇清真寺　（马伟摄）

至于青海省贵德县圆珠沟12族的情形，更是撒拉族与藏族血肉相连的典型。撒拉族先民从中亚迁徙而来时，途经贵德圆珠沟，有12人曾在那儿留居。他们在以后的生活中与藏族通婚，繁衍子孙，形成了12族（支）。据民间传说，他们原先带有一部《古兰经》，天长日久，由于藏文化的影响日重，便渐渐无人会念，遇婚丧节日时，用手摸一摸经文，算作念经仪式。时间长了，逐渐失去了教门，与藏族不分畛域了。圆珠沟藏族有一句谚语说“东那圆珠沟索哇吉格尼，曼拉撒拉尔工吉格尼”，意即“圆珠沟十二庄，撒拉十二工”。这部分人及其后裔与撒拉人的关系很密切，他们称撒拉人为“夏尼”（本家），而不称“许乎”（乡亲）。光绪年间，有圆珠沟藏族还到循化街子骆驼泉喝过泉

① 循化县文化馆编．撒拉族民间故事（第2辑）．1989：30.

水，拜过祖先。[①] 据传，在尕勒莽、阿合莽的拱北周围，他们还给街子附近的八个村庄每村都栽了一棵柏树，象征着他们的骨肉情谊似柏树那样万古长青。当时的柏树现还存有四棵。

二、与回族的关系

在清代以前的史书里，一直称撒拉人为“番”或者“番回”，在当时官方文献记载里，对撒拉族的族属问题没有明确，甚至在解决撒拉族的诉讼案件时按照《番例》来处理。

乾隆四十六年苏四十三起义爆发以后，官方逐渐对撒拉人有了一定的认识，在以后的文献里，撒拉族被称为“撒拉回”、“循回”、“撒回”等，这是由于当时的汉文史书和私人著述未能将撒拉人从回族中区分出来，但也从另一方面说明了撒拉族与回族关系之密切。

“回回”之名最早出现于北宋沈括所作的凯歌词中，当时指西北地区的回鹘人，并认为这是陕西民间口语的音变。13 世纪前期的一些汉文文献中，把天山东部的高昌回鹘和其他中亚突厥语民族和国家，包括突厥王朝（如花剌子模）治下的非突厥人，都统称为回纥或回回。这可能是因为从 10 世纪以来回纥人已成为西北地区的主体民族，与中原的交往又最多，而毗邻的中亚突厥人和他们在人种、语言上相近，中原人难以区分，遂统称为回纥，回纥再变音为回回。由于当时中亚突厥人及突厥王朝统治下的人民绝大多数信奉伊斯兰教，回回就变为对整个伊斯兰教徒的称呼。但此时，天山东部的回鹘人并不信奉伊斯兰教，而主要信佛教。元代中原地区的人们已知道这个事实，并以不同的名称去称呼他们。天山东部的回鹘人被称作“畏兀儿”，而“回回”一名就专指信奉伊斯兰教的中、西亚人。

① 芈一之．撒拉族政治社会史．黄河文化出版社，1990：29.

14 世纪中叶，明代元而兴，回回一词的使用，基本上仍因袭于元。《明史·哈密传》引马文升奏疏中就有："哈密故有回回、畏兀儿、哈剌灰三种，北山又有小列秃、乜克力相侵逼……"许进《平番始末》："哈密之人凡三种：曰回回、曰畏兀儿、曰哈剌灰，皆务耕织。"但此时又派生出"汉回"一称，主要是指长期生活于内地的回回人。

在清代，由于存在以伊斯兰教作为划分民族的倾向，故又常将"回回"和维吾尔人俱称为"回"。但为了区别，有时也称"回回"为"汉回"或"熟回"，称维吾尔族人为"缠回"或"生回"，称东乡族为"东乡回"，撒拉族为"撒拉回"，这主要是由于他们都信仰伊斯兰教。以上"汉回"之名的出现，就是因为语言的不同引起的，对保持了自己母语的，如维吾尔族、东乡族、保安族、撒拉族等就被称为"缠回"、"东乡回"、"保安回"、"撒拉回"等，而逐渐失去母语的信仰伊斯兰教的中亚各族人被统称为"汉回"。因其中夹杂着民族歧视因素，故现代广大回族人民仍依元明时习惯，自称为"回回"。

元代境内回回人的来源主体是成吉思汗西征时带来的中亚、波斯、阿拉伯各地的工匠和其他平民，降服的贵族官员及其部属，被征军队，还有学者、商人等。据史料记载：蒙古军在攻下撒马尔罕、玉龙赤杰、马鲁等地后，分别签发工匠 3 万人、10 万人和 400 多人。[①] 另外，太宗时，有回回工匠 3000 户被安置在抚州之荨麻林（现在的张家口西洗马林），这些人都是从撒马尔罕签来的。在入居中原和江南各地的信仰伊斯兰教的人中，还有许多哈剌鲁人和阿儿浑人，当时他们不称回回人，而以本族名称呼。哈剌鲁实际上是突厥葛逻禄部，8 世纪后期从金山迁居天山西部，后来成为喀喇汗王朝的重要组成居民，而喀喇汗王朝于 960 年信奉伊斯兰教。蒙古军攻打中亚时，哈剌部相继归附。许

① 冯承均译．多桑蒙古史（上）．上海书店出版社，2001：103，112，117.

多人被征发为签军，因为同西夏、金、宋的战斗，他们大量入居内地。阿儿浑是塔拉斯至巴拉沙衮地区的突厥语部族，也随蒙古军来到荨麻林等地，后又移居中原、江南各地。以上各族人都成为回回民族重要的来源。而撒拉族也是在这一时期从中亚迁到循化的。①

可见，撒拉族是当时回回民族的组成部分之一，后因拥有自己的母语，而有专门称呼——“撒拉回”或“循回”等，相反那些没能保持住母语的部族都变成统一的一个民族——回族。这种部分共同的血缘关系和宗教信仰，使得撒拉族与回族在长期的历史发展中更是休戚相关、同舟共济，回族成为撒拉族最重要的新鲜血液来源，也就不足为奇了。撒拉族中有“外姓五族”之说，而且也产生了除韩姓外的管理“杂姓”的马姓土司。现在除了韩、马两大姓外，撒拉族还有冶、何、沈、韩、张、喇等二十余姓，其中有相当一部分是从周围的回族转化而来的。如街子的沈姓称他们的祖先是从甘肃临夏迁来的回族，后来成了撒拉族。据《循化志》载，在当时就有从河州（甘肃临夏）迁来的回族，几代之后变为撒拉族的现象。

三、与汉族的关系

撒拉族的形成发展过程中还吸收了汉族等其他民族的新鲜血液，使得撒拉族在血缘方面加强了同我国兄弟民族之间的联系，而文化上的不断交流与融合更是撒拉族真正融入中华民族大家庭的主要动力。撒拉族聚居地循化位于青藏高原东部，是历史上汉藏文化的边界和交汇之地。撒拉族定居循化后与其他民族形成了密切的关系。

① 芈一之．撒拉族政治社会史．黄河文化出版社，1990：20．

赞卜乎清真寺：全国唯一由红军修建的清真寺　（马伟摄）

四、中国撒拉族的诞生

与藏族的成功通婚使得撒拉族接受了许多藏族文化。如撒拉族有些人家庄廓的四角至今还立有圆形的白色石头；结婚时给送亲人吃“油搅团”；炒面拌酥油吃等。在经济生活方面，撒拉族的畜牧业受藏族影响较大。有些村子中撒拉族老人都会说藏语，而且撒拉语中夹杂有许多藏语词汇。一些人甚至能讲几段《格萨尔》史诗。他们在讲撒拉语的时候，还不时引用藏族谚语，再用撒拉语解释。撒拉族和藏族之间的亲密关系被他们亲切地称为“许乎”，而撒拉语则称为“达尼希”。

撒拉族也向当地汉族虚心学习生产技术和科学文化。撒拉族地区使用的先进生产管理技术也主要来自于内地汉族地区。长期以来，撒拉族都以汉字为重要的辅助交流工具，汉语是撒拉族与其他民族交流的重要工具。

回族与撒拉族自古以来就有密切的交往。历史上他们患难与共，共同斗争，反抗清王朝的残酷统治，谱写了一曲又一曲悲壮之歌。由于这两个民族都信仰伊斯兰教，在长期的宗教文化生活中，他们形成了相近的文化心理素质，在生产、生活习俗等方面都有许多共同点。在现代生活中，回族和撒拉族之间的通婚也越来越频繁，因而二者之间的关系也越来越近。

这种多民族共居的生活，使撒拉族形成了开放、包容的特点，坚持自己的文化生活，但也尊重其他民族的文化习惯。只要不触及他们最根本的宗教信仰，在对待其他民族文化时，他们都能积极学习，兼容并蓄，扬长避短，为我所用。这也是为什么撒拉族能在近八百多年的历史中独立生存下来的根本原因之一。学术界也认为正是撒拉族在保持自己特色的基础上积极吸收周边兄弟民族的优秀文化，才最终在明代形成了具有现代意义的撒拉族。此时，撒拉人已不是初来时的以血缘为纽带的部族，而是以地域为纽带的包含外姓人口的共同体，同时人口也有了大的发展，被中原王朝或其他民族当成一个单独的群体来对待。

第二章

撒拉族的社会生活

第一节　居住庭院

穿过陡峭险峻的拉木峡，极目远眺，撒拉族之乡那神秘而美丽的面纱便飘然而落，那绵延起伏的山峦，肥沃广袤的良田，奔腾不息的黄河，纵横穿错的阡陌，便会映入你的眼帘，而接下来，看到的便是富有民族特色的居住庭院，人们顿时会被这里的风土人情和历史文化所深深地吸引。

还没走进村子，首先映入眼帘的是一个个高耸入云且黄绿相间的清真寺“米那楼”（唤醒楼），每天五次的礼拜召唤声响彻云霄，吸引着虔诚的信徒前去礼拜。在村子的巷巷道道总会有头缠“达斯达尔”（礼拜时的头巾）、身着白色或黑色长衫的老人缓缓行走。

撒拉族同一“阿格乃”（兄弟）、“孔木散”（宗族）的家庭都居住在同一区域，真可谓是“聚族而居”。他们的村落一般坐落在黄河川道或山沟边的开阔地带，这里地势宽广，自然条件较好。撒拉族村落大小不等，大的有三四百户，小的只有十几户，大多数村落为一百户左右。在撒拉族地区，人们很难看到单门独院孤居一处的人家。

撒拉族的房屋大都是平顶土房，其正房撒拉语称为“撒日”（意为宫殿），木材选用精良松木，间数为三间到五间不等，其形式大多为“凹”字形，两边凸出来的部分用于盘炕，凹进去的部分为门廓，撒拉人喜欢在那儿吃饭，冬天可以晒太阳，夏天可以纳凉。房屋以粗实木头为柱，柱上架梁，梁还有大小之分，梁上再固定单檩，檩上密布木椽，椽上铺上签板，上面抹上厚实的泥巴就是房顶了。撒拉人喜欢在房顶上晒粮食、核桃等。房屋下面也以木头装修，开四扇门，中间两扇对开。窗户也是四扇，两扇坐北朝南，两扇各据东西，相向而对。其形式一般为正方形格子窗，窗轴在上边，开启时从下边打开。若想在屋内采光，就用木棍撑住窗沿或用绳子从上方吊住。窗子内侧以白纸作窗纸，其中央或四周通常还贴有用红纸剪成的窗花，表现主题以花草最为常见，样子各式各样，别具特色，构思又非常巧妙，充分体现了撒拉族人民的审美情趣。房屋正面檐饰有精雕细刻的花草，其道数以前只有几行，而且图案简单，随着生活水平的提高，撒拉人的花槽无论从数量上还是从质量上都有了很大的变化，而且民族特色也越来越浓，在雕有双“喜”字、双龙戏珠等图案的同时，撒拉人也开始在花草正中雕有祈求吉祥平安的阿

清真寺“米那楼” （马伟摄）

拉伯经文。

民居 （马伟摄）

1989年国家发行了一套反映我国各地民居风情的邮票，其中“青海民居”一枚的素材就来自于循化撒拉族的这种“撒日”，媒体评论，此“房屋坐北朝南，斗拱挑檐，正门内凹，形成门厅，左右厢房细格花窗。既增加采光面积，又防风沙，造型古朴，直追唐宋之风”。

在东部的孟达地区，由于地势狭窄，平地较少，而且周围林深木广，他们多把房屋修成两层楼房。房屋仍以土木结构为主，由于各家经济条件不同，因此所用木料多少好坏也各有不同。一楼墙壁是土墙为主，二楼以柳条编成篱笆，上面涂泥作墙壁。楼房上层一般是卧房，下层是厨房和圈房。

在屋内大堂墙壁上一般挂有用阿拉伯文书写的经文中堂。过去中堂有单幅、双幅、三幅等几种，现今主要为三幅，中间一幅长而且宽，边上两幅较窄而且短，有在纸上书写的，也有在绢帛上书写的，撒拉人对之视若珍宝，不仅仅是偏爱其龙飞凤舞、气势恢宏的艺术效果，更主要的是对其内容的笃信，因为其多为赞主赞圣的内容。中堂多为祖上所传之物，经历了沧桑岁月后，显得古色古香。在其他墙壁上近几年还挂有从沙特阿拉伯朝觐归来的人们带来的经文挂毯及以山水为内容的国画等。撒拉族忌讳在屋内张贴人像画及动物画，因为撒拉人笃信伊斯兰教，信仰独一之神——安拉，他们认为只有安拉才有能力创造宇宙万物，除此之外没有任何人能创造生命，若在室内以人像或动物画作装饰，就须给他们赋予生命，而这常人是无能为力的；另外，这种装饰有可能陷入偶像崇拜的危险境地，这也与伊斯兰教的一神信仰是背道而驰的。在中堂前面，一般摆设长条几或办公桌，上面放置有座钟、花瓶、茶盅等物，两边各有一把靠背椅。现在旁边还摆有沙发、大衣柜、角柜、高低柜等。炕上一边摆放着一对板箱（也称门箱），上面是较新、干净的被子、毛毯、褥子、枕头等，这些被褥主要给住宿家中的客人使用。家中若来客人，好客的撒拉人总是劝客人住一两天，晚上将家中最干净的被褥拿来，整齐地铺在炕上。若逢寒冷冬日，还要将土炕烧得温热，尽可能让客人休息好。在屋内最高处，或在梁上，或在家具上，或在其他地方，你也许还会发现一本或几本装帧精美的《古兰经》，虔诚的老人们在空闲之时，总是手拿经书读上一两段。《古兰经》在他们眼里是非常神圣的，因此绝对不能把经书放在低处，在其上面也不能放任何东西，甚至在房顶上有人走过时，也要提醒他不要从经书的上面直接经过。

在正房的两边，即东北角和西北角一般是厨房和圈房的位置，正房的两个土炕口子设在那儿，冬天从圈房煨炕，从炕洞冒出来的烟既不会把院子弄得一片烟雾，还可以帮助圈房里的牲畜御寒。从厨房里煨炕，也比从其他房间里煨显得干净而卫生。因此，在东北角和西北角都建有厨房和圈房。连着厨房和圈房一般建有东房和西房，在西南

角和东南角一般是厕所、库房和草房等。若大门开在东面或西面，则在南面盖南房。撒拉族是个十分注重伦理道德的民族，他们对老人特别尊敬、爱护，因此他们冬天把老人安排在较小而暖和的东房或西房，把家中唯一的火炉生在老人房中；夏天把老人安排在正房中，因为夏天正房里空气畅通、凉爽宜人。

篱笆楼　（马伟摄）

在院子中间大多数人家都辟有一个小花圃，花圃呈四方形，周边以鹅卵石点缀，其中种有各种花草，最常见的有月季花、芍药花、大丽花、金钱梅、菊花等，除冬季外其他时节都是花团锦簇，沁香袭人，使整个院落随着不同花种的开放显得生机盎然，充满了生活情趣。各家各户还有果园和果树，还在院中栽葡萄、核桃、苹果、花椒、梨、杏等树，既美化了环境，又有一定的经济效益。

第二节　公社组织——“阿格乃”与“孔木散”

在传统的撒拉族社会中，无论做什么事情都离不开公社组织——“阿格乃”与“孔木散”。

阿格乃是个历史悠久的社会组织，它是什么时候产生的，已经没有人能说清楚了。但仅凭字面分析，也发现其产生时间已经非常遥远。这个词由 ağa 和 ini 两个词组合而成，分别意为哥哥和弟弟。但 ağa 一词在撒拉族语言中已不再使用，它只有在阿格乃一词中如化石般地存在着。让人惊奇的是，撒拉族的 ağa 一词不仅与维吾尔语、柯尔克孜语、土库曼语等完全相同，而且与蒙古语、达斡尔语、土族语等也都一样。虽然 ağa 作为亲属称谓的词语没有保存下来，但作为社会组织的名称却依然在撒拉族社会存在，说明了这一公社组织的古朴性与悠久性。

在目前的撒拉族社会中，阿格乃以父系血缘为纽带组建而成。它由兄弟分居后的小家庭组成，如果姐妹招女婿不外嫁，那么，她们的家庭也在阿格乃的范围之内。但外嫁的姐妹家庭不在阿格乃的范围当中，她们将随丈夫加入外村的阿格乃。一般来说，一个阿格乃包括 2～10 户人家，他们的血缘关系，或为同一父亲，或为同祖父，或为同高祖，而有的只知祖先，说不清辈数。

孔木散是指“一姓人”或“一个根子”，是由阿格乃血缘关系中分化出来的以父系血缘为纽带的远亲组织。一个孔木散包括三五个阿格乃，但有时也包括一些不属阿格乃的单门独户，这些家庭或为支系中的多代独苗人家，或为后来迁入村子的外来人家。阿格勒意为村庄，一般由几个孔木散组成。在早期的撒拉族社会中，一个村子由一个孔木散组成。

撒拉族孔木散都有头目，称哈尔，意为长老或长者。在过去的岁月中，修渠挖泥、开垦荒地、管理宗教事务以及与其他孔木散或阿格勒交往时，都由哈尔出面负责。各户间如有纠纷，先由哈尔调解，如果哈尔解决不了，直接交土司解决，土司废除之后交“工”里的乡约，乡约解决不了再呈上由循化厅解决。

每个孔木散同时也是一个宗教活动单位，要派一名学董参加村里清真寺的公共事务管理工作。如寺院财产的管理，向群众征收学粮和宗教费用，决定清真寺阿訇的聘请等都由学董负责。这样哈尔既是行政上的基层统治者，又是宗教事务的基层管理者了。哈尔最初是选举产生的，以年长而生产经验和生活阅历丰富为推选标准。后随土司制的世袭，哈尔也实行世袭制度。清光绪二十一年（1895 年）撒拉族反清起义失败以后，土司制也被废除，哈尔由世袭变为轮流担任。现在的撒拉族社会中，土司制时代意义上的哈尔一职早已消失，但学董仍然存在，是由选举产生的，不过有些地区还是以孔木散为基本单位，即一个孔木散派一名学董。有的也以以前的生产队为基本单位，每队选一人，来管理村里的宗教事务。

阿格乃和孔木散成员在生产活动中，互相帮助，同舟共济。对于从事农业的撒拉族来说，春天的播种和夏天的收割工作，都是很繁忙而紧张的时刻，单门独户的人家无力完成整个劳作过程。这时撒拉族的孔木散就团结互助，共渡难关。以前连翻地、打辗都是以工换工，互相帮助，有一种自发的合作社性质。在 20 世纪 70 年代，将生产大队分成小队之时，他们也大多以孔木散为基本单位来划分。若某家盖房、围建庄廓时，全孔木散成员也相互帮忙，以集体之力量完成较大工程。像兴修水利、开垦土地等公益事业，自然需要整个社区的通力合作，因此，这时候具有公社性质的合作关系已经由孔木散内部扩展到孔木散与孔木散之间，甚至阿格勒与阿格勒之间了。

在操办婚礼期间，阿格乃与孔木散成员要在主人家帮助招待客人，一些任务较重的劈柴、挑水、做饭等事务，更需要他们的全力帮助。虽然事无巨细的准备与张罗常常让人筋疲力尽，但欢乐的笑声不仅始终飞荡在主人家，甚至还进入他们自己家中。他们把主人家的客人也请至自己家中，准备丰盛的食物招待。遇有丧事，主人家陷入悲痛之中，料理丧事自然落到了阿格乃和孔木散人家身上。他们要以主人身份筹措埋葬钱物，要招待来“宽心”的客人，要挖好坟墓，通知亡人的所有亲戚前来送葬，还要煮麦仁饭召集全村人来吃。亡人之家一两日内不烧火做饭，他们就轮流做饭送去。

孔木散有公有土地，这些土地是孔木散中绝户遗留下的。孔木散成员对这些遗产只有使用权，没有出卖权。孔木散内的小家庭都是独立的经济单位，各家在典当、出卖土地时，本阿格乃和孔木散有优先购买权，在他们当中有几人都想购买时，就采用先亲后疏的原则，而且价格要低于出卖给外人的价格。若卖给外人，本阿格乃和孔木散在契约上有画押权，有优先赎回的权利，买方不得违抗。

第三节　撒拉八工外五工

撒拉族初迁循化时，据传其始祖尕勒莽有六个儿子，最早住在撒拉族的发祥地——街子，所以撒拉语称街子为“阿里提欧里”，“阿里提”是基数词，撒拉语意为“六”，但“欧里”的意义有几种不同的说法：有的人认为“欧里”是“尸休”的意思，“阿里提欧里”意为埋葬六个儿子的地方；有的人认为“欧里”是“儿子”的意思，“阿里提欧里”是六个儿子的意思；还有人认为“欧里”是孔木散的意思，因此，“阿里提欧里”是六个孔木散的意思。六个儿子或六个孔木散的后代有所谓的“六门八户”和“四房五族”之说。

在撒拉族民间，老人们对“六门八户”解释各异，有的说是指尕勒莽的六个儿子和两个孙子的后代；有的说是指尕勒莽六个儿子的后代形成六门，长子和次子各有一妻一妾，又形成两支，合为八户，繁衍成如今街子地区的八个村子，即上房村、三立坊村、三兰巴亥村、黑大门村、汉巴合村、托伦都村、马家村和沈家村；还有人说，尕勒莽六个儿子的后代称“六门”，加上由河州迁来的马姓和沈姓两家，共称“八户”。

后来撒拉族社会不断发展，街子地区已经容纳不了日益增长的人口，因此撒拉族开始向四周扩散，形成了“四房五族”。所谓“四房五族”，有人说：“四房”指尕勒莽四个儿子的后代，孟达是前房大儿子的后代，清水二房是二儿子的后代，街子衙门是三儿子的后代，苏只四房是四儿子的后代。另外，查加人是尕勒莽舅舅的后代，查汗都斯人是他同村人和朋友的后代。有人说：“四房”统指上六工的韩姓撒拉人，而“五族”为下六工的撒拉人，这些地区的撒拉族多由周围民族融合、演变而成。还有人说：孟达的撒拉人是当初到那里打猎留下来的，清水人是尕勒莽大儿子的后代，崖曼、张尕人是他舅舅的后代，查汗都斯人是他同村人和朋友的后代移居去的。

岁月的风尘模糊了历史的轮廓，虽然我们无法确切地知道撒拉族早期社会的具体发展，但“六门八户”和“四房五族”依然让我们感受到了撒拉族社会初期涓涓细流汇成江河的发展脉络，让我们感受到了撒拉族人民奋发图强，建设家园的火热场面。

随着撒拉族社会的发展，一个独特的社会组织“工”也就应运而生了。“工”是撒拉族地区的重要社会单位。关于其意义，据成书于清代的《循化志》讲：“（工）其名不知何，岂立功而仍讹为工耶？”（意为撒拉族立了军功，之后把“功”讹传成“工”）有的学者认为“工”是沟的转音或缩写；有的学者认为是从突厥语“干”（城镇）演变而来的；有的学者认为来源于突厥语“Qon”（居住地）；还有学者认为来源于藏语“岗”，如卡日岗、唐寺岗等。对此人们的解释各有不同。

早期循化撒拉族地区有十二工，人们习惯把县城以西的街子、草滩坝、查加、苏只、别列、查汗都斯称为“上六工”，县城以东的清水、大寺古、孟达、张尕、夕厂、崖曼称为“下六工”。乾隆四十六年（1781年），撒拉族掀起了壮烈的反清起义，起义失败后清政府进行了残酷的镇压，撒拉族人口锐减，村庄半毁，于是社会组织进行了重组，把十二工缩编成八工。上六工的别列工并入苏只工，草滩坝工并入街子工。下六工的崖曼工并入张尕工，大寺古工并入清水工。从此十二工就被改称为撒拉八工。尽管从清中期以来社会发展了数百年，社会结构也在每个阶段有新的称呼，但迄今为止，人们仍然以此来称呼循化撒拉族的社会组织。后来由于撒拉族社会的发展，人口的增长，撒拉人不断从街子一带迁到黄河以北的今化隆县甘都等地，这样在化隆地区也形成了五个工，即甘都工、卡日岗工、上水地工、黑城子工及十五会工，这就是有名的“撒拉八工外五工”。撒拉八工是撒拉族的核心，而八工中又以街子工为核心。在撒拉族群众中有一句话对此做了准确的概括：“撒拉八工外五工，街子工里出头人。”纵观清代以来的历史，整个撒拉族地区唯街子工马首是瞻。而外五工人实际并非都为撒拉族，无论从历史记载看，还是从现在的民族分布来看，该地区相当一部分人为回族和藏族，那为什么把这些地方都称为撒拉外五工呢？有学者曾精辟地指出这个名称的来源，其既不依宗教范畴，也不依民族界限，而是撒拉族兴起后其统治影响势力的外延。乾隆年间苏四十三起义虽被镇压，但此事震动了西北和清廷，撒拉族也随之名声大振。后来同治、光绪年间的西北回民起义中，青海地区的首领为化隆昂思多（属撒拉外五工之一的黑城子工）撒拉人马文义（又称马尕三），而撒拉八工应之，风动河湟，直至清光绪二十一年（1895年）后，才归平定，

当地人不只在当时称此为“撒拉反了!”就是在20世纪初期还有如此说法。民国时期马麒的宁海军，原均为河州回民，到马步芳时期，便以化隆、循化的撒拉为骨干，而尤依重外五工撒拉。外五工回民等被称为撒拉，实际上是八工撒拉兴起后其声势的外延。

“工”由几个村庄组成，是撒拉族社会发展的产物。各工逐渐从撒拉族的中心街子地区脱离后，与街子工在世俗行政事务上不再是隶属与被隶属的关系，但街子由于是撒拉族的发祥地，在撒拉族心目中占有重要的地位，因此在重大事情面前街子工最具号召力。撒拉族发动的多次反清起义中对街子工“余七工唯马首是瞻”。撒拉族花儿中唱道:“撒拉八工外五工，街子工有头人哩”，意为在撒拉族地区由内八工和外五工组成的13个工中，领导人出自街子工。

第四节　虔诚庄重的清真生活

撒拉族是我国信仰伊斯兰教的10个少数民族之一。他们的祖先从中亚迁来以前就已经信仰了伊斯兰教，而且是整个突厥民族中最早信仰伊斯兰教的部族之一。撒拉族先民东迁时带来的《古兰经》，至今仍完整地保存在循化的街子清真大寺中，是中国目前已知最古老的《古兰经》手抄本。长期以来，伊斯兰教不仅在撒拉族的精神领域，而且在日常生活中都发挥着重要的作用。

撒拉族遵行伊斯兰教规定的“五件天命”，即念、礼、斋、课、朝。“念”指念“清真言”，即“万物非主，唯有安拉，穆罕默德是安拉的使者”一句话。通过宣念“清真言”，来表示对安拉和穆罕默德圣人的信仰。“礼”为每天做的五番礼拜，以及星期五的聚礼和节日会礼等。“斋”为每年为期一月的封斋。“课”为按规定缴纳课税，以此扶贫济困。“朝”指有条件的人一生当中要到麦加朝觐一次。

在宗教意识上，撒拉族诚信伊斯兰教的六大信仰。一为信安拉，认为安拉是完美无缺、至高至大，是宇宙的创造者和养育者，是大智大能、仁慈和正义的，每个人要信仰安拉，纪念安拉，服从安拉。二为信圣人，认为圣人是安拉的使者，安拉曾在不同时期向人类派遣了许多使者，如阿丹、努海、易不拉欣、毛扫、艾萨等圣人，其中穆罕默德是封印至圣，他所传示的宗教是最高真理。三为信经典，伊斯兰教的主要经典是被称为“安拉的语言”的《古兰经》，记录穆罕默德圣人言行的《圣训》是对《古兰经》的补充。四为信天使，天使受安拉派遣管理天国，天使有不同分工，有的传授神旨，有的观察宇宙，有的准备吹响末日审判的号角，有的司管死亡事宜，有的记录人类善恶行为，有的掌管天堂和地狱等。与天使相对立的是恶魔，恶魔不仅存在于地上，而且存在于天上，他们专干恶事。五为信末日，伊斯兰教认为终有一天整个世界都将毁灭，然后又要复生，此时，人们要接受末日审判，生前善良的人们将进入天堂，享受永恒的幸福，而行恶之人将进入地狱，遭受痛苦的惩罚。六为信前定，伊斯兰教认为世间万物皆由安拉创造，人们的一切生死祸福也都由安拉前定，人们必须顺从这种前定安排。

风格多样而数量众多的清真寺建筑是撒拉族地区一道亮丽的景观。撒拉族的清真寺，过去分为三级：一是总寺，即街子清真大寺，这是撒拉族最古老、最宏大、最有权威的清真寺；二是宗寺（海依寺），即各“工”的清真寺；三是支寺，即各村的清真寺。清真寺由聚礼堂、召唤楼、浴室、教室等组成。清真寺是撒拉族人民坚守信仰的见证，也是撒拉族人日常生活的公共议事场所。撒拉族民居围绕着清真寺而建，清真寺是村落的中心，旁边便是各孔木散的公共坟地，一般村落都是由民居、清真寺和坟地三部分组成。

总寺当中过去驻有“尕最”（宗教法官），掌管全族的宗教事务，

之下有负责领拜、讲经和念经的“海依”、“伊麻目”和“海提布”，在宗寺中也形成了掌教、副掌教和小掌教，一般小寺中则只有一名阿訇主持宗教事务。“尕最”制度是撒拉族社会特有的一种宗教制度，凡民事、刑事以及其他诉讼案件最终由街子“尕最”判定，清光绪二十一年（1895 年）反清起义失败后，取缔了“尕最”制度，现在已经不存在了。

撒拉族祖寺：街子清真寺　（马伟摄）

由于宗教信仰虔诚，撒拉族仅有的几个节日也都与伊斯兰教密切相关。开斋节与古尔邦节、圣纪节，并称为伊斯兰教的三大节日，这也是撒拉族的重大节日，除此之外，撒拉族没有其他的世俗性节日。

撒拉人称开斋节为“肉孜阿依提”，斋月期间是伊斯兰教历九月份，由于伊斯兰教历是纯阴历，所以开斋节出现在每年的不同时期。

撒拉族为什么要封斋呢？相传，在伊斯兰教的创始人穆罕默德 40 岁那年（伊斯兰教历九月），真主把《古兰经》的内容传授给了他。因此，撒拉族视斋月为最尊贵、最吉庆、最快乐的月份。为了表示对这

个特殊日子的纪念，就在每年伊斯兰教历九月封斋一个月。斋月的起止日期主要看新月出现的日期而定。

到了斋月，男满 12 周岁、女满 9 周岁以上的撒拉族，都要封斋。当然，理智不清、小孩、老弱有病的以及在月经期和产期的妇女都不封斋。封斋的人，在东方发白前，要吃饱喝足。错过了时间，就要清封一天。每天开斋的时间是日落以后，撒拉人每日以肉眼判断开斋时间，一般情况是天上的落日余晖消失即可进食。斋月里，白天除了断绝一切饮食，还要禁止房事，要求甚为严格，无论是严冬，还是酷暑，不管是口干舌燥，还是饥肠辘辘，在任何艰苦的条件下，都要坚持到底。通过封斋，使人们体验到了饥饿和干渴的痛苦，让富有的人诚心诚意救济穷人，从而也净化了人的思想，并养成了坚忍、廉洁的美德。

斋月结束后，人们就要过开斋节。开斋节的时间按照看见新月来确定，一般是斋月后下个月初一或者初二，有的甚至延期到初三。对新月的判断也有一定的要求，只要哪个人看见了新月，便需要有另一个人作证才算数，要求两个以上男人看见新月才可以传达给清真寺教长，由教长决定开斋节的时间并派人传达给邻村清真寺。如果天阴看不见新月，则由几个清真寺教长合议确定，前提是必须封满三十天为准。节前人们准备好新衣服，将自家庭院和公共环境收拾打扫干净，给人以清洁、舒适、愉快的感觉，并准备好各式节日食物。节日的序幕在人们内心的充实与满脸的喜悦中渐渐拉开。清晨，人们沐浴盛装，做完晨礼后去坟园诵经，替逝去的亲友祈祷。并带着薄饼去长辈家里给长辈们说“萨拉目”道贺，一些原来有嫌隙的人们之间也互道“萨拉目”问好，以此捐弃前嫌，重归于好。然后，众人穿着节日的盛装在本村清真寺集中，排队去村外的宽阔地带做会礼，队伍前面一人举着彩旗带领。一路上，人们齐声朗诵经文，赞主赞圣，不会说笑闲语。做会礼时一般以“海依寺”属下的各村为一个单位。所以，当一村的

群众在路上巧遇外村的人时，人们互致“萨拉目”问候，且并排前行。到达目的地后，将各式彩旗并排齐插在前面。等各村人都到齐后，由一位德高望重的阿訇开始讲“瓦尔兹”（关于伊斯兰教教义教规的讲解），之后做两番礼拜。

在做会礼前，每家的各个封斋成员都要拿出相当于一人一天的生活费捐给穷人，称为施散“费特勒”（开斋捐），意味着斋月的完美结束。做完会礼后，人们互致“萨拉目”，表示节日的祝贺。同时，各家把准备好的油香、馓子等分送亲朋好友，共同享受节日的欢乐气氛。

古尔邦节在开斋节70天后举行，“古尔邦”为阿拉伯语，意为“牺牲、献身”之意。撒拉族人民为什么要过古尔邦节呢？

撒拉族群众庆祝古尔邦节　（马建新摄）

相传，伊斯兰教的圣人易卜拉欣到老年仍膝下无子，便祈求安拉赐给他一个儿子，后来他果然得了一个儿子，取名易斯马仪。易斯马仪长大后，非常聪明可爱，人人都喜欢他。但有一天晚上，易卜拉欣梦见安拉命他把儿子宰掉献祭给他，以考验易卜拉欣对安拉的忠诚。易卜拉欣顺从了安拉的命令，准备宰杀儿子，安拉受到感动，当他正要宰杀易斯马仪时，安拉制止了他，并派天仙哲卜亦勒背来一只黑头羝羊代替了易斯马仪的牺牲。从那以后，在阿拉伯民族中形成了每年宰牲献祭的习惯。穆罕默德创立伊斯兰教后，继承了这一风俗，把伊斯兰教历从十二月十日开始的三天定为“宰牲节”，通过宰牲，表示对安拉的顺从和忠诚，准备随时为安拉献出自己的一切。

同开斋节一样，节日清晨人们也要沐浴盛装，先到清真寺做晨礼，之后到坟园探望亡人，念经祈祷。然后举旗排队前往开阔野地举行会礼，其仪式与开斋节完全一样。

在古尔邦节，撒拉族除了炸油香、馓子之外，有条件的人家都要宰牲献祭。按规定每个有条件的人都要宰牲，但通常情况下，一般以家为单位。若为羊，一人需宰一只，若为牛或骆驼，可 7 人合宰。献祭的牛羊一定要肥美健壮。这种牺牲品的血液、粪便等物要深埋。所宰的肉要分成三份：一份自家食用，一份送亲友邻居、招待客人，一份济贫施舍。宰牲节当日，男人们从外面做礼拜回家后，即把早已准备好的牛或羊牵出来，举意默祷，然后放倒在地，将牺牲品的三只脚捆绑起来，面向麦加方向，一人操刀，其余人围着牺牲品放声祷告，简短祷词结束后，即可屠宰。将牺牲品收拾干净后，一部分肉就放到大锅里煮，待八成熟时捞出来切成手掌大小的肉份子，然后派年轻人挨家挨户送完，或到清真寺给做礼拜的人散发。牛羊皮一般都捐给清真寺，由清真寺统一变卖后，用于寺内的日常开支。

部分撒拉族群众还过圣纪节，这是纪念穆罕默德圣人的诞辰和逝世的节日，在伊斯兰教历三月十二日举行。是日，人们煮麦仁饭，炸油香、馓子，举行会礼，由阿訇讲经、赞圣，讲述穆罕默德圣人的生平事迹，并学习其高尚的情操、坚韧不拔的精神以及廉洁俭朴的美德。

第三章

生生不息的撒拉人

第一节　十八条汉子的故事

每个民族都有关于自己民族祖先的传说故事，撒拉族也不例外。在撒拉族民族来源的口头叙事中，有一种说法与人口有关，一种说法是撒拉族初到循化时只有 18 条汉子，这个说法流行于撒拉族群众中，几乎可以说是家喻户晓，妇孺皆知。20 世纪 50 年代以来民族识别和少数民族社会历史调查的文献中也都有所记载，其中，在撒拉族历史研究专家芈一之的《撒拉族史》一书中有如下一段描述，芈一之先生解释道：这是 1958 年 9 月 26 日与街子沈麻大爷（时年 89 岁）等老人座谈时记录的材料。可见，这个口述历史是真实的、可信的。传说是这样讲述的：

从前，在中亚撒马尔罕地方，有尕勒莽、阿赫莽兄弟二人，在伊斯兰教门中很有威望。由于他们反对压迫，遭到国王的嫉恨和迫害。……尕勒莽以为此地再不能继续住下去，宁肯放弃家产，不愿舍弃教门，便和阿赫莽连同族属共 18

人，牵了一峰白骆驼驮着《古兰经》便要东行。出发前，当地一位“外力”（伊斯兰教中学问和品性高尚者）叫他们带上故乡的一瓶水和一袋土，并告诉说：哪里的水土质量与这里的相同，哪里就是你们应该居住的乐园。尕勒莽等18人离开撒马尔罕东行。他们行行复行行，在路上走了17个月。经过天山北路、吐鲁番，进嘉峪关，经肃州、甘州、凉州，又到宁夏。再东南行到了秦州（即天水），折而西返，到伏羌（即甘谷），又到洮州（即临潭）、黑错（即合作），经拉卜楞，进入夏河县的甘家滩。尕勒莽等人离开撒马尔罕后，有45人跟踪而来，经天山南路入青海省境，沿青海湖南岸东行。他们跋山涉水，先到贵德，走尖扎滩，又到同仁县的龙车（即现在的隆务镇），折到圆珠沟，疲惫已甚。有12人留住下来。其余的33人继续东行，在甘家滩与尕勒莽18人巧遇。

尕勒莽等51人牵着骆驼从甘家滩朝西北行，进入循化的夕厂（夕昌）沟，又跨过孟达山，上了奥土斯山。这时天色昏黑，苍茫中走失了白骆驼，便点起火把，四处寻找。因此，后人叫这个山坡为“奥土贝那赫”意即“火坡”；山下的村子叫“奥土贝那赫村”。后来寻到街子东边的沙子坡，这时天将破晓，所以撒拉语称之为“唐古提”，意即“天亮了”。

在曙色中展望街子一带，土地平衍，清流纵贯，街子河从北而南流贯山谷，是一片好地方。下得坡来，发现一泓泉水，清澈见底，而走失了的骆驼卧在泉水中不起。尕勒莽用木棍捣骆驼促使起之。不料一捣之后，骆驼变成了白石，木棍变成了一棵常青树。众人惊喜之余，记起了“外力”的话，取出水和土，与泉水和附近的土相比较，其质量完全相同，这里就是他们建立新家园的乐土，于是决定在此居住生活。

现在街子的骆驼泉、骆驼石的来历即源于此。骆驼所驮来的30本天经即《古兰经》，成为撒拉族世代珍藏的传世之宝。这一天是明洪武三年五月十三日。[①]

这段口述史是1959年中国科学院民族研究所青海少数民族社会历史调查组，在撒拉族聚居的循化县几个乡村里进行调查时听老人讲述的，最早记录文本出现在1963年出版的《撒拉族简史简志合编》（初稿）。在这本书里说尕勒莽和阿合莽率领18人东迁，留在圆珠沟的人是10人，[②] 不知在后来的芈一之先生的历史著作中怎么变成了尕勒莽和阿合莽“连同族属共18人”，而留在圆珠沟的人是12人？这里有个澄清的问题是，1963年文本中东迁人数显然是20人，而留在圆珠沟的则是10人，不同版本中人数的些微变化无关紧要，但是这里面提供的信息则恰好指出了传说故事的变异性。而一个18人或是20人的队伍，不远万里东迁并发展成为一个民族共同体，实属传奇。

显然，所谓传说者，“传其事之奇也者也”，传说有其传奇性，同时也有它真实性的一面。撒拉族先民自中亚迁徙的事实，在后来的历史学和语言学研究中都得到了证实。由此而言，这个传说是真实的。但是，另一方面，这个传说讲到的18个人，却值得令人怀疑。从传说的内容中分析，似乎这18人万里东迁是因为与国王发生矛盾所致，并且后来紧随其后的45人也是为了传教而来。况且，他们在骆驼上驮来的是一本罕见的《古兰经》珍本，难怪撒拉族中的一些地方学者认为尕勒莽兄弟东迁是为了传播伊斯兰教而来的。其实，历史事实并不像想象的那么简单。

至于撒拉族历史上的人口问题，由于历史记载模糊，令研究者无

---

① 芈一之．撒拉族史．四川民族出版社，2004（4）：6～8.

② 中国科学院民族研究所编．撒拉族简史简志合编（初稿）．1963（9）．

所适从。顾颉刚先生研究发现："他们的人口，据乾隆二十九年（档）册，共2709户，7085口。四十六年之变，诛杀的新教徒将及千户。同治十二年，循化各共撒拉计410余户，1.6万余口，现在的户口，尚无明确的调查。据王清兰先生估计，循化的内八工撒拉共约3.4万人，占全县2/3弱；化隆县约2万人，占全县人口2/5弱。又据顾谦吉先生估计，两县撒拉约共7100户，3.55万人。"① 为此，顾颉刚先生也认为："这两个数目距离太远，不知道哪一个对？"② 从20世纪三四十年代学者的研究看，对撒拉族的人口大多采用估算的办法，没有翔实的统计数据。

第二节　撒拉族的人口变化

一、"许乎"和"达尼希"

撒拉族自元初进入青海循化（当时叫积石州，"循化"一名始自清雍正八年世宗皇帝命名）定居，就不断与周边各民族在政治、经济、文化等方面进行全方位的交往。当然，在最初的交往中，联姻是必不可少的。

根据传说，撒拉人千里迢迢迁居循化地方时，来的全是男性，而在当时的循化地方，主要是藏族定居。为了发展人口，撒拉族先民便与周边藏族头人协商联姻之事。起初，由于信仰不同，双方很难达成共识，藏族头人提出了很多有关生活习俗和宗教信仰的苛刻条件。但是，改变宗教信仰对撒拉人来说是万难接受的，所以，诸如信奉喇嘛教、院子里设置佛堂、房子内凿壁设置佛龛、庭院中树立嘛尼杆等涉

---

① 顾颉刚．撒拉回．西北通讯，1947年第1卷第10期。

② 同①。

及宗教信仰的要求，因违背伊斯兰教教义，一概未予答应。而一些无关信仰的风俗习惯则表示同意并予以接受，比如，在撒拉族的四合院庄廓四周的墙角上放置圆形的白石头等，一直到 20 世纪 80 年代仍然可以在撒拉族村落中见到。

县城节日一角："我中有你，你中有我"的多民族关系　（马伟摄）

当然，传说归传说，从一些历史记载和文献中也可以见到，撒拉族和藏族之间的关系一直是比较好的，迄今为止，很多撒拉族和藏族之间一直保持着称为"许乎"（藏语：朋友）和"达尼希"（撒拉语：熟识的人）的关系，这种关系在每个家庭中几乎都有几代人的长期传承。[①] 这种友好交往关系的建立，在循化地区具有特殊的意义：一方面在一个多民族地区，族群之间建立友好关系，可以构建睦邻友好的社会环境；另一方面，这种关系为生存于不同气候环境的人们进行物质资源的互通有无提供了方便，在循化县，撒拉族多生活于川水地区，

① 马成俊."许乎"与"达尼希"：撒拉族与藏族关系研究．西北民族研究，2012(2)．

气候条件比较好，农作物种类较多，且生长比较快，而藏族则生活于南部高山地区，属半农半牧的经济文化类型，农作物种类较少且成熟期较长。这自然为撒拉族与藏族之间在生产生活领域的交往提供了可能性。而在婚姻方面的历史交往关系也提供了交流的社会环境。

二、“撒拉回”

据民国时期学者慕寿祺《甘宁青史略》等史书记载，“元时回回遍天下，及是居甘肃者尚多，诏守臣悉遣之，于是归撒马尔罕者千二百余人”。作为甘肃一个部分的循化县毗邻临夏这个被称为“东方麦加”的地方。自然，这里的回族也是撒拉族人口的重要补充。直至1953年年底之前相当一段历史中，撒拉族一直被认为是“回回”的一部分，或者直接称为“撒拉回”，可见撒拉族与回族关系之密切。对撒拉族族群身份的这种理解，也能说明撒拉族中的回族成分是存在的。

三、保边卫疆的撒拉族

元朝末年，撒拉族在积石州依然保持着坚强的政治基础，从撒拉族现有的文字记载可知，有元一代，积石州达鲁花赤地位一直是持续传承的。到了元末，邓愈攻克河州，据《循化志》记载，明朝洪武三年，撒拉族归附明朝，正式纳入了明朝的统治之下。洪武三年（1370年）明太祖第一次北伐中，邓愈以左副将军身份从徐达远征甘肃，五月初一日，邓愈率兵奋战元残军王保保部，斩首2000级，俘获王公以下百余人，士兵8万多，骆驼、马匹、辎重不计其数。八月，进克河州（今甘肃临夏）、乌斯藏（今西藏中、西部）诸部，招降吐蕃（今川、青、藏交界地区），追击元豫王至西黄河，在黑松林斩杀元大将阿撒秃，大军深入甘肃西北数千里。因此，河州以西皆属明朝版图。

在撒拉族的口传记忆中，误把归附明朝的日子记忆为撒拉族到积

石州定居的日子，从元初迁徙到明初整整将撒拉族历史缩短了数十年。从现有历史文献看，归附明朝以后，撒拉族先民及时调整了角色，帮助明朝政府守卫边疆，立下了汗马功劳，同时在茶马互市中表现出了优秀的才能，从而得到了明朝数任皇帝的嘉奖。

在元代和明代的数百年历史中，撒拉族先民由于在元朝“世袭达鲁花赤”的特殊政治身份和在明朝守卫边疆、茶马互市等军事、经济上表现出的卓越才能，受到了朝廷的多次嘉奖（据史书记载，仅在明代，朝廷征调撒拉族军事力量就有17次之多）。同时，由于在茶马互市中的良好表现，得到了明朝朝廷颁发的两面“金牌信符”，为社会经济的全面发展和人口的稳定增长打下了坚实的政治经济基础。据明代嘉靖时张雨所撰《边政考》卷九记载，撒拉族人口已达“一万名口”。按照初来循化时的170户计算，到明朝嘉靖年间人口已增长了10倍多。

四、清王朝在撒拉族地区的设营立厅

清朝的建立，改变了原来的社会经济结构。在清朝的前中期，对撒拉族社会有重大影响的举措莫过于循化厅的建立。雍正八年，始设循化厅，在现在的积石镇黄河边修建了循化厅，清朝的政治军事实力介入了撒拉族的腹地，从而加强了对撒拉族地区的政治军事控制。此时在文献中也正式出现了“撒拉十二工”的名称，以循化厅为中心，分为上六工和下六工，由此奠定了撒拉族社会的基本政治结构，一直到1958年的人民公社，20世纪80年代后的乡镇制度，都大体保持了清朝时期十二工的政治结构。每个“工”大约由几个村落组成，由此推论，至雍正年间，撒拉族村落已经增加到50个左右。尽管如此，从清初到乾隆中期（1781年）的一百多年间，撒拉族社会仍然得到了比较稳定的发展，人口也在持续增长，甘肃米喇印、丁国栋事件并未影

响到撒拉族地区。由此进一步往前推论，从元初（约 1225 年）自中亚迁徙至 1781 年的 550 年时间，撒拉族社会得到了稳定的发展。清乾隆时期至清末光绪年间，由于卷入了无休止的教派纷争并由教派斗争转变成反清起义，继而被清政府数次血腥镇压和“善后处理”，撒拉族社会受到了前所未有的重创，人口锐减，社会被迫重组，“十二工”合并为“八工”，于是，社会结构发生了根本改变。清代“至户口之数，乾隆二十九年，撒拉族共二千七百九户，大口三千四百九十七口，小口三千五百八十八口。四十六年新教株夷者将及千户，而今册八工之数核之，亦不少差。知保甲册之非实矣。”①

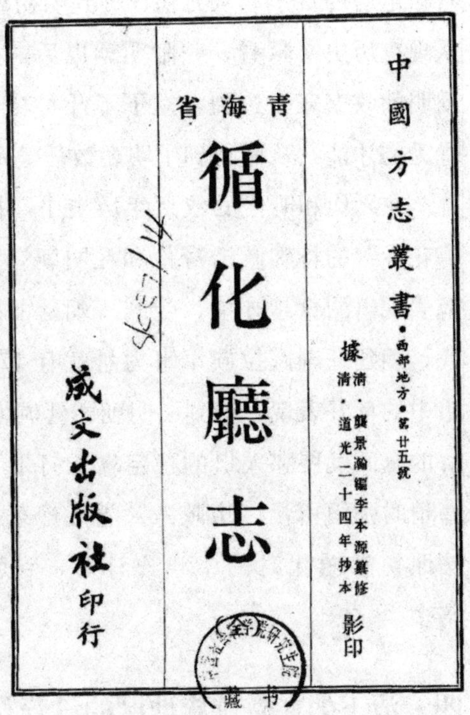
中國方志叢書・西部地方・第廿五號
據清・龔景瀚編 李本源纂修
清・道光二十四年抄本 影印
青海省
循化廳志
（全）
成文出版社印行

《青海省循化厅志》

五、悲壮的反清斗争

1. 乾隆四十六年的反清起义

乾隆年间，随着新的伊斯兰教教派从邻近的河州地区的输入，撒拉族的社会内部由于宗教教派的分离出现了诸多矛盾。乾隆中期是撒拉族社会的重要转折期，民国时期学者慕寿祺认为这是“甘肃回族宗

① （清）龚景瀚纂．循化志（卷四《族寨工屯》）．青海人民出版社，1981：158.

教战争之第一次也”。[①] 可见乾隆四十六年前后的教派冲突所蕴含的复杂历史与文化背景以及对后世的影响力是不容忽视的。

早在乾隆十三年（1748 年），甘肃河州地区即出现了“前开”与“后开”之争，所谓“前开”，指的是伊斯兰教斋月结束时，先开斋后礼拜；而“后开”则指的是先礼拜后开斋，其实大多不伤及伊斯兰教的根本宗旨，只是在开斋仪式上的些微区别而已，却造成了教派的分裂和无休止的矛盾冲突。这种由于对教义解释而产生的分歧，埋下了近代以来教派冲突不断发生的祸根。而对教义的理解，完全是由于每个教派所遵循的伊玛目（伊斯兰教学者）和各地区各民族的不同风俗造成对教义的解释不同而已，这些细节却成为一些宗教首领借以动员社会的借口，由此造成了宗教内部的分裂，“起始不知何时，然教遂自分而为二，前开之教简而便，趋之者众，顾其异者，节目之不同耳，无二经也。……一时翕然从之，前开之教愈盛，然其意以巧取布施而已。”[②] 河州回民阿訇马明心所领导的哲合忍耶新教的改革措施，势必影响到了马来迟所代表的老教群众，尤其是老教首领的利益，于是新老教之间便发生了不可调和的矛盾，两教之间互控至兰州。而清朝政府在甘肃的代理人在处理两教互控问题上则采取了简单的抑新扶老的措施，继而酿成新教群众不得不杀官起义的结果。新教义军在起初势如破竹，在接连占领了河州后，围攻兰州数月，最后在清军的内外夹击下，退守华林山，终因寡不敌众，全军覆没。包括义军首领苏四十三在内的三千军士血洒华林山，“无一降者”。

在消灭苏四十三义军的过程中，清朝政府使用了“以夷制夷”的政策，在华林山主攻义军的恰恰是那些在教义上有所分歧的同胞兄弟老教军队。“逆回本因争立新教致相仇杀……贼如系新教首逆，即应明

① 慕寿祺．甘宁青史略（第六册）正编卷十九．

② （清）龚景瀚编．循化志（卷八《回变》）．青海人民出版社，1981：310～311.

切晓谕旧教之人，赦其互相争杀之罪，作为前驱，令其杀贼自效。如此以贼攻贼，伊等本系宿仇，自必踊跃争先，既壮声威，又省兵力，而贼势益分，剿灭自易”。[①] 也就是说，在消灭苏四十三的战斗中，老教士兵充当了前驱，达到了清政府“以回制回”、“剿一抚一”的险恶目的。而身陷教派纷争的撒拉人则浑然不知，却更加加深了民族内部的分裂和仇恨。而清政府所采取的措施还不止于剿灭新教。紧接着，便是清朝政府实施的惨绝人寰的“善后”处理，一部分发配新疆，一部分人则流徙云贵地区烟瘴之地。

至此，据史书记载，新教 976 户人在此次反清斗争中“剿尽无余”。由此看来，撒拉族在乾隆四十六年（1781 年）由于无端的教争，受到了灭顶之灾。这场冲突使得撒拉族人口一半死于战争，一半被流放或发配，人口损失了近一半。这是撒拉族历史上最沉痛的一次劫难。由于人口的锐减，撒拉族社会中信奉哲合忍耶的新教群众被消灭殆尽，除了无新教的查汗都斯、孟达和夕昌三工外，其余九工的新教“剿尽无余”。于是原来的十二工合并成了八工，社会结构进行了重组。

更为严峻的是，清政府对撒拉族社会采取了更为严厉的管控措施，“敕令各属将新教所起礼拜寺概行拆毁，革去新教阿浑、掌教名目，如有私行传习、阳奉阴违者，一经查出，照邪教律以重办理，并晓谕旧教回民随时察觉，一有萌孽，即首告指拿。如此立法稽查，则新教自然净尽，可以杜祸源而靖边陲。”[②] 在同年 11 月的一份奏折中，陕甘总督勒宝做了更加详细的说明：“臣到甘以来，节次晓谕旧教回民，将仍习新教之人按名查缉，并明立条款，回民礼拜日期止准于本村寺内念经，不许另赴别寺，亦不得多索忏钱；如有婚丧事件，止准延请本寺乡约、头人，别寺之人不得搀夺；仍令照依编造保甲之法，将某某回

① 壬寅（乾隆四十六年四月二十二日）上命军机大臣传谕勒尔谨、仁和文。

② 戊申（乾隆四十六年六月二十七日）阿桂、李侍尧奏稿。

户应归某寺念经之处造册备案；其平时教习经文，亦止准延请本寺回民教读，不许勾引隔村别寺人及添建礼拜寺、私筑城堡等事；至专设回民义学教以诗书，尤为化导良法，通饬实力奉行。以上立定章程，责成该管道府随时稽查，按月禀报。”① 从乾隆四十六年至同治年间的80余年中，撒拉族社会处于清朝政府异常严厉的控制中。

2. 同治年间的回民起义

乾隆时期的哲合忍耶门宦被肃清以后，循化和相邻化隆县的撒拉族地区主要有华寺门宦和穆夫提门宦，两个门宦之间时有因辨教引起的冲突。直至咸丰年间，撒拉族地区因为修建寺院和辨教出现了不同程度的骚乱，都被清政府的地方官员处理。同治年间（1860～1873年），随着陕甘回民起义的爆发，撒拉族又一次掀起了反清起义，陕甘回民起义最初的缘起是因为陕西大荔县回汉民族村落间互相仇杀引起的，由于官府在处理时偏袒汉族，继而演变成了回族与清朝政府间的矛盾，陕西回民在寡不敌众的情势下，逐渐退守甘肃、青海一带。自同治三年（1864年）初开始，大批原陕西回民武装撤向甘肃庆阳府的董志原，陕甘回民事变的中心转移到了甘肃。

同治六年（1867年）2月，清廷任命左宗棠为钦差大臣督办陕甘军务。左宗棠制订了详细的战略计划：“方今所患者，捻匪回逆耳。以地形论，中原为重，关陇为轻；以平贼论，剿捻宜急，剿回宜缓；以用兵次第论，欲靖西陲，必先清腹地。”“进兵陕西，必先清关外之贼，进兵甘肃，必先清陕西之贼，驻兵兰州，必先清各路之贼。”② 随着陕甘回民起义中心的转移，撒拉族自然汇入了回民起义的洪流中。原因在于：在西北地区的教派和门宦分散在陕西、甘肃（包括青海和宁夏）、新疆等地，是一个“超社会体系”，很容易成为社会动员的工具。

① 清高宗实录（卷一千三百四十三）：“乾隆五十四年辛亥”条。

② （清）罗正军．左宗棠年谱（第二册卷四）．20～21.

从咸丰年间一直到同治年间，华寺门宦和穆夫提门宦之间的辨教活动从未间断，在华寺门宦第六辈教主马归源和马文义（撒拉族）的带领下，多次到湟源、大通、西宁等地辨教，继而引起纷争和冲突，最终以华寺门宦杀害数百上千穆夫提门宦人员而取得胜利，西宁回民尽归华寺门下。但是，在回民抗清风潮的影响下，马归源、马文义也被卷入了陕甘回民起义的潮流中，而在与清军的激烈交战中，河州华寺门宦的教主马占鳌却在同治十一年（1872 年）4 月正式向左宗棠缴械投降。在这种形势下，西宁、化隆以及循化的抗清起义以失败告终。接下来又是一次清政府的“善后”，仍然是屠杀、流徙、拆毁以及更加严厉的管控措施。就人口而言，虽然没有精确的统计，经过十数年的冲突和战争，人口又一次遭到了极大的损失。

3. 乙未事变

清光绪二十一年（1895 年），撒拉族地区又一次因教争爆发了抗清事件，史称“乙未事变”。事件缘起于光绪十二年（1886 年），凭借清廷新贵的政治特权的马占鳌去世，华寺门宦四方头的马永瑞企图掌控教权，而另一人物马永琳则强力抵制。于是就在华寺门宦内部形成了以马永瑞和其子马如彪为首的“新教”和以马永琳为首的“老教”。

光绪二十年（1894 年），循化地区属于老教的撒拉族头人韩努力与新教阿訇韩木洒因讲经发生争执并引起械斗。由于老教人多势众，新教即向循化厅和西宁府提起诉讼。当时河州总兵汤彦和派新老两教领袖马永瑞与马永琳出面协调，由于马永琳想借机扩大自己的实力用以打击新教势力，使得原本十分敏感的教派纷争更加对立。由于教争严重，陕甘总督杨昌睿派西宁知府陈嘉绩赴循化查办，陈认定祸起老教，于是不分青红皂白将老教头目韩腊月保等多人收押，并将十一人斩首示众。遂激起老教教众的愤慨，老教头目韩努力于 3 月 8 日率众围攻循化县城。河州总兵汤彦和企图增援循化，却遭到回民的阻止，于是

清廷调来长期镇压回民事变颇有经验的固原提督雷正绾在河州布防。清廷采取了不分新老一律剿办的政策，迫使新老教众联合抗清。不久，此次事件便很快波及西宁、乐都、化隆、海原等地，光绪二十一年（1895 年）5 月，河州老教教主马永琳也正式反清。情急之下，清廷将喀什喀尔提督董福祥调来督办甘肃军务。同年 9 月，董军兵临河州，马永琳出城投降，11 月，马永琳等人被董福祥、马占鳌之子马安良处决，接着，马永琳之子马如彪等 137 人也尽数被马安良等人杀害。董福祥收复河州后，派属下何德彪直扑西宁，联合湘军魏光焘部进攻西宁，大肆杀戮西宁穆斯林，起事领袖马成林、冶主麻、韩努力等人也被杀害，全部起义人众杀害殆尽。将近一年的光绪“乙未事变”结束。

清代撒拉族的三次武装起义，清廷在处理时过于草率，以致激化为民变，又以残酷的方式予以镇压，三次事件均呈现出同样的原因和结果。而最为惨痛的教训又是每次起义失败后，本来就不多的撒拉族人口受到大幅度的削减。而每次冲突的结果是撒拉族为了宗教上的细枝末节付出了沉重的代价。

六、民国时期的撒拉族

1912 年春，甘肃承认共和，马安良担任甘肃提督，同年 9 月，马麒任西宁镇总兵，进驻西宁，撒拉族聚居的循化、化隆属其辖区。1915 年官制改革后，马麒任“甘边宁海镇守使”兼“蒙番宣慰使”，从此，马麒成为青海包括撒拉族和各族人民在内的统治者。马麒父子统治青海时代，打破了自乾隆四十六年“善后”以来规定撒拉人“不准复充循化、河州衙役及营伍兵丁”的惯例，以同教关系，不少人投充马家军队。很多青壮年男子大都列名军籍，这是近代撒拉族历史上重要的社会特征之一。

青海有民谚曰：“乐都的文书，二化的官，互助大通一二三”，形象地说明了当时青海各地方人们所扮演的角色。其实，“二化的官”也并非是马家军中的主要官吏，而是中层将官较多，马氏家族“宁海军”的将校大多由马家子侄和亲戚担任，中下级军官和兵丁则主要募自循化、化隆二县。据不完全统计，“青海军”中营团长以上军官中，即校级以上军官中，撒拉族和回族占95%左右，其中有撒拉族120余人。将级军官中，循化县有27人。

以循化街子工来看，街子大庄有师长1人，团长1人，营长10人；上访村共50户人家，有军官18人。著名史学家李文实说：“青海马步芳之初成军，即以此辈人为其干部。故今20年间，撒拉蔚为青军主干，自排连长以迄团旅师长，俱以撒拉最为多数，当其极盛之时，仅甘都一工，先后任团长者近十人，其旅师长亦间见焉。而上水地则旅师长且相望于道，团长以下无足数焉。即以今而论，前岁远防新疆之骑五军副军长韩荣福，籍循化瓦匠庄，骑五师师长马承先，籍化隆卡日岗；前暂一师师长，今骑兵第七旅旅长韩有文，籍化隆甘都；整八二师一百旅旅长谭成祥籍化隆上水地。此撒拉之著者，退役之旅师长且不与焉。”①

据原昆仑中学学生马成贵老人回忆，在昆仑中学上学的撒拉族学生，只要身体合格，即调往“军官训练团”受训，成为下级军官。据不完全统计，1945～1949年在撒拉八工中共征拔撒拉人当兵的有3600余人。可见，在民国时期撒拉族的“吃粮”（指参军）人是很多的。

七、新中国成立后的撒拉族

据1953年统计，撒拉族有3.06万人。1957年统计，循化县撒拉族有5160户，24 395口人，除去妇女一半，男性当有12 000人左右，

① 李得贤．关于撒拉回．西北通讯，1948年2卷1期．

若再除去老幼人数，适龄青壮年约 6000 人，由此推论，撒拉族人在民国时期的军队中“吃粮”的人数是十分惊人的。①

1964 年，撒拉族有 3.47 万人，从 1953 年算起，10 年间增加了 0.36 万人，年平均增长率为 1.12%。1982 年增至 6.91 万人，从 1964 年的 18 年间增长了一倍多，年平均增长率为 2.91%；1990 年再增至 8.75 万人，从 1982 年算起净增 1.83 万人，年增长率为 2.99%；2000 年 10.47 万人，据 2010 年第六次全国人口普查统计，全国撒拉族共有 13.607 万人。从这个数据来看，1949 年以后，撒拉族人口得到了稳定并快速增长，从每一次人口普查数据来看，都高于全国平均水平。由此看来，1949 年以后撒拉族人口的稳定增长，有赖于良好的政治环境和国家对少数民族尤其是对人口较少民族的优惠政策。

第三节　撒拉族的二次迁徙

撒拉族的第一次迁徙是在元初发生的，撒拉族先民在 1225 年左右从中亚一代迁徙至今青海循化县，由此开始了农耕与畜牧并重的经济生活，一直到清乾隆四十六年（1781 年）撒拉族社会得到了比较稳定的发展，人口也得到持续增长，如上所述，到明嘉靖年间人口数已达到“一万名口”，而到清乾隆二十九年的统计中才有七千多人，比明嘉靖时减少了三千多人，难怪龚景瀚说：“而今册八工之数核之，亦不少差。知保甲册之非实矣。”对此，顾颉刚先生亦感到颇为纳闷，想来是古代地方官统计有误。

撒拉族的第二次迁徙，发生在整个清代。清乾隆四十六年苏四十三起义失败后，清政府采取了极端严厉的“善后处理”，从当年 7 月 22 日～8 月 19 日阿桂两道奏折及相关文献可知，共有 259 名妇女发遣新

① 芈一之．撒拉族史．四川民族出版社，2004：347.

伊犁河畔的撒拉人（马伟摄）

疆伊犁给兵丁为奴，男孩83名发遣云南普洱和广西百色，据《黑龙江省回族社会历史调查报告》，黑龙江卜奎地区（今齐齐哈尔市）有一部分回民，系苏四十三起义失败后发遣来的12户撒拉人后代，当时给满洲兵丁为奴。笔者1987年在吉林省长春市见到过一冯姓人家，据其所讲述，其先人于乾隆年间曾发配山东，在冯姓人家为奴，后赐姓冯，再后来闯关东留居在长春。同样，同治年间的“河湟事变”和光绪年间的“乙未事变”结束后，清政府依旧实行所谓的“善后处理”，将一部分参与事变的人员发遣到新疆等地。据2012年5月笔者在新疆伊犁、哈巴河、布尔津、阿勒泰等地调查的资料显示，大部分现在新疆的撒拉人都说其先人是在清朝时期陆续迁移到新疆来的，当地人有很多讲述当年那些人是如何一步一步走到新疆的故事。除此之外，也有个别人是在民国时期追随马仲英以及马步芳的七五军去新疆的，还有一些人是为了到新疆阿勒泰淘金居留下来的。种种现象说明，清代以来撒拉人的迁徙大多是被迫的。

哈巴河畔的撒拉人　（马伟摄）

从撒拉族的空间分布来看，除青海省以外，人口最多的是甘肃省和新疆维吾尔自治区。据 2010 年第六次全国人口普查数据显示，甘肃省撒拉族有 13 517 人，比 2000 年增加了 1733 人，新疆撒拉族有 3728 人，比 2000 年少了 34 人。在 1949 年以前的统计中，除了新疆和甘肃，其他省市几乎没有撒拉族的人口统计。20 世纪 80 年代改革开放后，随着户籍制度的逐渐放松和国家有关少数民族流动人口政策的相继出台，从 2010 年的人口统计情况来看，全国各地几乎都有撒拉族的分布，其中，拉萨、北京、上海和广东的撒拉人比较集中。

甘肃积石山县的撒拉人　（马伟摄）

而在青海省内，撒拉族的分布也呈现出比较多元的分布格局，除了原有的化隆回族自治县的撒拉族较多之外，海西州格尔木市、西宁市、海东地区平安县、黄南州等地，由于工作关系、兴办企业、货物贸易需要，在20世纪80年代之后有大量撒拉族迁居。

化隆卡力岗的撒拉人 （马伟摄）

如果说，清代的撒拉族是被迫迁徙到外省的话，那么，1949年后特别是20世纪80年代改革开放后的撒拉族迁徙，基本上是主动迁徙的，这些撒拉人在当地的政治、经济和文化教育等方面发挥了重要的作用，同时也改变了当地的族群分布结构。从1990年第四次全国人口普查数据显示的空间格局来看，循化县的撒拉族占全省撒拉族的78.65%，可见撒拉族的人口流动是比较缓慢的，2000降到73.36%，2010年再降到72.79%，这说明随着改革开放的深入和户籍制度的放松，撒拉族从祖居地循化向外流动的趋势逐年增加。原因在于撒拉族人口逐年增加，而循化县可提供的土地资源、水力资源等物质资源和教育资源、文化资源等社会资源则越来越少，不能满足人口增长的实际需求，人地矛盾越来越突出，人口增长形成了“倒逼机制”，致使大量撒拉族向外寻求生存的环境，而国家的相关政策也为撒拉族的向外流动提供了良好的外部环境。

第四章

撒拉族的人口素质与结构

第一节　健康的民族

一、崇尚勇武

撒拉族祖先，原本是操属于阿尔泰语系突厥语族的突厥人乌古斯可汗的后裔，他们生活在中亚广袤的土地上，练就了强健的体魄和与之相应的彪悍的民族性格。撒拉人崇尚武力，对膂力过人的人赞赏有加。每个村落都有关于该村落膂力过人的人们的传说故事。在撒拉族的民间体育中，保留了大量角力的竞赛，比如拔腰、摔跤、蹬棍儿、甩石头、举重（主要是举石头、木头、装满粮食的大麻袋）等显示力量的比赛活动，现代体育项目进入撒拉族的生活以后，撒拉人最喜欢的比赛是对抗性极强的篮球比赛，打篮球成为撒拉族村落最有吸引力的体育活动，而在电视普及以后，NBA 赛事播放成为他们最喜欢的节目。

二、外人眼里的撒拉族

在有关研究撒拉族的文献中，大部分对撒拉族的身体状况有一致的肯定，对此，清代史书中曾评价撒拉族“俗介回番，鸷悍好斗”、“桀骜不驯”、“赋性犷悍”、“习武者多而习文应试之人甚少”、“习于战斗”、“非刑律所能惩治”、“撒拉身体强健，耐劳负重与回番同，而强悍过之”等，尽管其中充满了清代官员对撒拉族的歧视和偏见，但从中我们也可看出，撒拉民族具有强烈的尚武精神。

三、古老的尚武传统

撒拉族于13世纪从中亚迁徙而来，其先民撒鲁尔部落，是我国古代少数民族西突厥的一个支系。撒拉族的尚武精神与古代突厥民族的勇武之风有关。突厥的初世传说中有“（突厥人）终狼种也”的说法，突厥人把狼视为自己的祖先，而且还把它当作自己的护国神兽。“旗纛之上，施金狼头”，表明他们把狼作为自己的旗徽标志。“牙门建狼头，示不忘本也。”突厥碑文中曾提到“我父可汗的军队像狼一样，（而）其敌人像绵羊一样”。又据《通典》卷一九七：突厥“侍卫之士，谓之附离（即狼），夏言亦狼也”。把军队兵丁及侍卫之士比附于狼，显然是说他们像狼一样英勇，所向无敌，是一支不可战胜并令人望而生畏的武装力量。从突厥历史中，我们不难看出他们国势的盛衰都是以军事力量的强弱为转移的。因此，突厥人自幼就开始习武。唐人记载，“胡儿八岁能骑马”就是指突厥少年男子已戎装投入战斗。

阿尔泰的考古发现也证明，突厥死者离开人间走向冥府时也是戎装出发的，殉葬物品中都离不开铁刀、弓箭，富有者还杀马以作陪葬，甚至妇女也佩带铁刀等武器，因为有时女人也得参加围猎和战斗。这种残酷的征战，对突厥人生活有着很深的影响。这在突厥民族早期的萨满教信仰中亦能被证实。突厥民族中有在战士墓旁建立被他杀死的敌人的雕像的习惯，这种雕像称 balbal 碑（杀人石）。这种风俗跟萨满教有关。这种原始宗教和现代宗教有极大的区别，它尚未形成一定的

伦理观念，对于来世的生活信仰不是以死后（或来世）受审判或要负什么责任为前提的。从突厥民族的早期时代到13世纪迁徙循化前的撒拉族先民生活的时代，虽然有很长的一段时间，但“控弦之士”的这种勇武尚战之风不可能不对迁徙至循化前的撒拉族先民产生深刻的影响。可以这么说，撒拉族的尚武精神与突厥民族的勇武尚战之风是一脉相承的。

四、环境的磨炼

祖先赋予的这种尚武精神在循化地区严酷的环境中又不断得到了发扬。迁徙至循化的撒拉族人民生活的空间狭小，四面环山，交通闭塞，干旱频繁，虽然有黄河之水从县北滚滚而过，但由于水利设施落后，大部分农田无法灌溉，而年降水量也只有270毫米左右，使以农耕生活为主的撒拉族地区受到严重的威胁，循化也就有了“干循化”之称。民谣云：“天旱好比是杀人刀，穷人们活下的艰难；黄河流水岸上旱，祖祖辈辈遭灾难。”在生产力并不发达的时代，黄河不但未能被人们所利用，反而成为一种障碍，河岸的人烧水供暖所需柴禾得到黄河对面山上去砍取，由于没有较大的船，所以只能依靠木瓦、皮筏等，更有甚者，独身泅渡。如果没有一身胆气与超人的本领，是难以泅渡黄河的。孟达地区的人历来从事打猎和伐木。打猎需翻山越岭，东奔西跑；伐木需腰系绳索，悬壁砍树。从山上拉下来，编成木筏，顺黄河放排至兰州等地出卖，而沿途浊浪滔天，暗礁重重，其惊险场面堪为一种奇观。淘金生活更是艰辛，终日浸泡水中，有时一无所获。凡此种种严酷的自然条件，铸就了撒拉族人一身强健的体魄，使他们有了良好的身体素质。

五、竞技体育

对竞技比赛的酷爱，显示了撒拉族人民强烈的尚武精神。骑射为主的兵民合一制曾是突厥民族重要的军事制度。它对定居的、主要从事农业的撒拉族早已失去了作用。但撒拉族在早期曾经营过一定规模的畜牧业，且为纳马之族，因此撒拉人都爱养马骑马。有些地区撒拉族人民至今还进行赛马比赛，参加者多为年轻人，马匹一般不备鞍鞯、笼头和缰绳，在大路或旷野，按规则加鞭驰骋，向指定目标飞奔。新中国成立前，循化地区还经常举行“走马”比赛。比赛的马匹从小就进行训练，每天把马头吊在树桩上，以养成昂首挺胸的习惯，并进行爬坡、越沟、跳河、过桥的训练。待马匹稍大，每天清晨骑着它行走十几公里。比赛时主要看马的姿态是否健美，走姿是否轻快，是否平稳舒适，行走速度是否快等。无马的，也有以骡、驴代替。骑射向来是相辅相成的，二者缺一不可。射艺超群被认为是男子的最高荣誉之一。因而撒拉族地区在以前经常举行射箭比赛，弓有软弓和硬弓之分，后来用自己制造的土枪、土炮代替。当时孟达地区的“塔沙炮”非常出名，当赞扬某人说话准确、恰到好处时，就说他的话“像塔沙坡的枪一样”。身骑骏马、腰带

射箭　（马伟摄）

枪支是每个撒拉男子所向往的。“大马上备的是好鞍子，鞍子上骑的是人尖（么）梢子；腰儿里别的是‘三件子’（腰刀、箭袋和火镰袋），手儿里拿的是长枪的杆子”。一副威风凛凛的样子，显示了撒拉人的尚武追求。

石头是撒拉人最常用的武器，因此，“打石靶”活动在青年男子中非常盛行。通常在几米乃至十几米远的地方立一巴掌大小的石块，然后用手中的石子去击打。打的方式很多，主要用手、脚面、腿、额、鼻梁、头、肩膀、五指等部位，接住石头，然后用力击打石靶，而且每个部位又有几种花样。这种活动对锻炼人的臂力、腿力，提高射击能力都有很大的帮助。

摔跤是撒拉人酷爱的另一项竞技项目。比赛不仅在村子内部人员间进行，有时还与其他村进行集体对抗赛，甚至与周边藏族村落进行这种活动。摔跤方式主要有两种：一是两人直接抱在一起，通过臂腰的力量用扭、摔、拉等方式将对方摔倒在地。这种方式又分用腿绊和不用腿绊两种。二是用手拉、推，用脚绊，而不抱在一起。如果哪个青年男子不敢摔跤，就会被人讥笑、看不起。因此，撒拉族男子从儿童时代就开始摔跤，从小培养剽悍的勇武之风。类似的竞技项目还有泅渡黄河、拔腰、板手、蹬棍、打板球、负重物等，充分显示了撒拉人对勇武的向往与追求。

六、对勇武的文化追求

姓名是人们的文化信仰和心理状态的一种折射，它作为一种代号，直接反映着一个人的文化信仰和价值追求。作为民族的一员，个人命名往往会受到整个民族文化背景的影响。由于撒拉民族具有强烈的尚武精神，他们的命名也显示出这方面的特征。如他们对勇猛、厉害的人往往冠以“狼”的绰号。这种命名习俗直接继承于古代突厥人命名的方式。在突厥时代，他们不仅以狼比兵士，就是普通人也喜欢以狼称呼。《突厥语大辞典》第一卷狐狸词条载："此词可用比喻义，即'女儿'。如果一个产妇分娩，人们会问接生婆：'生了个狐狸还是生了个狼?'这里是说生了个女孩还是生了个男孩。女孩比较机灵、精细，故用狐狸来作比方；男孩较英勇，故用狼来作比方。"此外，撒拉人还喜欢用其他一些凶猛的动物来命名，如狮子、老虎等，显示了他们心理结构中的勇武意识。取勇武之义者在男孩中占相当大的比例。"马天武"、"韩勇"、"马进武"、"韩永强"、"马永武"、"韩学武"、"韩坚强"、"马强"、"马龙"、"韩德虎"等，这些人名反映了家长对男孩的一种祈愿。

第二节　男人与女人的世界

一、男女之别

撒拉族社会的性别构成，各个时期有着不同的表现，从1949年以后特别是1953年开始的第一次全国人口普查数据来看，撒拉族的男女性别比逐渐趋于合理，其中1990年第四次全国人口普查数据显示性别比为103.14，比全国、汉族和少数民族总人口的性别比分别低2.9、2.98和2，总体来讲，此次普查结果显示的总人口性别比比较正常。2000年第五次全国人口普查数据为105.76，总人口性别比与同期全国、汉族和少数民族总人口相比分别低0.54、0.58和0.12，此次人口性别比稍显偏高。2010年第六次全国人口普查数据为：总人口130 607，其中男性为66 281人，女性为64 326人，总人口性别比为103.04，总人口性别比又趋于正常化。这种人口性别比的状况，又决定着男女性在日常生活中所扮演的性别角色。

二、男女世界

在传统撒拉族社会，男女在家庭与社会中有着明确的角色和社会分工，总体说来与中国传统家庭与社会分工基本类似。女性在家相夫教子，主持内政，很少参与家庭以外的公共事务，而男性则闯荡社会，参与和主持家庭以外的社会事物，为家庭创造财富。即便是在家庭内部，女性的任务是洗衣做饭，收拾家庭环境卫生，很少过问有关家庭经济、社会交往等重大事务。传统上，撒拉人认为，孩子的抚养和教育是父母应尽的责任，所以，撒拉人对子女根据不同性别实施不同的教育。在撒拉族女孩幼年和少年时期，家里就开始给她传授针线、烹饪、洒扫庭厨以及“厄德卜”（“厄德卜”是阿拉伯语，意为修养，即每个人所应遵守的道德修养和社会素养）等女性必须熟练掌握的活计和人生修养。女孩子的“厄德卜”是不能在客人面前抛头露面、大大咧咧，性格养成中不能有男孩子习气。而对男孩子而言，男孩子有男孩子的“厄德卜”，诸如迎来送往、倒茶递水，还有家庭内外的重体力活和出头露面等事情都是在家庭教育中完成的。如果家庭教育缺失，孩子不懂礼数，尤其是男女性不遵守各自的“厄德卜”，那么，做父母的就会受到整个村落社会的谴责。孩子成长到结婚年龄，如果没有养成良好的“厄德卜”，就会门庭冷落，无人问津，遭到社会的唾弃，这对一个

撒拉族小家庭　（马伟摄）

家庭来说是莫大的耻辱。所以，撒拉族每个家庭对子女的教育很重视，尽管没有系统的家庭教育的内容，教育都是在耳濡目染的氛围中通过言传身教完成的。

农家乐　（邵维善摄）

关于社会分工，撒拉族过去有则儿歌做了很好的表述：

尕拉鸡叫在窝边，
回声反响在山川；
五只羊儿在田间，
五只羊儿在山坡；
爷爷修功做礼拜，
奶奶蹲在热炕头；
吊桶汤瓶在寺里，
笤帚扫把在院里；
父亲出门去伐木，
母亲下厨去做饭；
铁钩挂在库房里，
面粉压在面柜里；
哥哥扶犁忙耕地，
艳姑在后紧撒种；
二牛抬杠在圈里，
提篮绳子在房里；
阿吾上学学文化，

阿娜外出拾牛粪；
书本放在桌子上，
粪叉立在牛棚里；
空闲时节去打柴，
沉重的坎土曼扛在肩；
牛皮绳子系腰间，
杂面干粮揣怀里。①

这是一首反映撒拉族男女性别角色的十分动人的歌谣，其中爷爷奶奶、父亲母亲、哥哥嫂子、男孩女孩均有明确的社会分工。同时也对各种生产工具、生活用品作了明确的归类，可以说是撒拉族日常生活的真实写照。

撒拉族妇女　（张进成摄）

① 韩建业．撒拉族语言文化论．青海人民出版社，2004：356～357. 歌中阿吾指男孩子，阿娜指女孩子，艳姑指嫂子。

第三节 “瞎汉”与“阿林”

一、近现代学校教育

历史上撒拉族的知识结构比较单一，知识体系只限于宗教知识和日常生产生活中的经验性知识。由于在清代发生的三次抗清事件中，宗教上层人士起了非常重要的作用，清廷在善后处理时为了“化导愚顽”，试图在撒拉族地区兴办“儒学”、“义学”，却因无人来学，学校空有其名，后来不得不自行关门，汉文化教育一直没能在撒拉族地区顺利展开。循化地区最早的办学始自清雍正九年循化厅营筑成后，主要是为了解决官兵子弟上学的问题，还没有考虑撒拉族子弟上学的问题，乾隆四十九年十二月（1784年），循化厅同治达桑阿禀请陕甘总督福康安转禀清廷设立儒学，于1786年得到允准，达桑阿奉命在城西南设立文庙，开办儒学。同时，达桑阿在崖慢工（今白庄镇科哇村）和城南后街分别建起了两所义学，崖慢工义学设在该村清真寺，还专门从河州延请教师宋显明，因为无人上学，结果在办学一两年后即行废弛，但是，崖慢工义学开启了在撒拉族村落办学的先河。同治年间河湟事变结束以后，循化同治汪声元上书清廷“兴教劝学，潜移民俗，化其愚顽”，得到左宗棠的支持。陕甘总督左宗棠又令在循化办学，“设立汉回学义塾，分司训课，冀耳濡目染，渐移陋习。”于是，“循化厅办义学两处，一在本城南街，一在托巴”。① 1892年，循化设立龙支书院，1905年，龙支书院改为循化厅官立高等小学堂，1912年更名为循化县立高等小学堂，1940年复更名为积石镇中心小学校，1944年再

① 西宁府续志．青海人民出版社，1985，第二卷第8页．

次更名为积石镇中心国民学校。但是，在这些学校里，基本上没有撒拉族子弟求学的记载。1922 年，马麒在回族上层人物的支持下，成立了“宁海回教教育促进会”，但是，上学的主要是县城汉族和“河沿四庄”的回族子弟，撒拉族上学者也为少数。1929 年，分别在撒拉族最为集中的街子、查家、白庄三地办起了 3 所初级小学，这些初级小学培养了第一代掌握汉文化的撒拉族学生。在回教教育促进会的倡导下，一部分撒拉族子弟开始接受现代教育。由此观之，撒拉族的现代教育迄今只有 80 多年的历史。

二、当代学校教育

1949 年以后，撒拉族地区的各乡镇和一些比较大的村落纷纷建起了学校，形成了村有小学，乡有初级中学，县有高级中学的局面，农村初级教育得到普及，撒拉族子弟真正享受到了现代教育。从 20 世纪 50 年代开始，中央民族学院、西北民族学院和青海民族学院也相继培养了一批撒拉族的大学生，20 世纪 80 年代以后，新一代大学生打破了单纯在民族院校接受教育的局面，全国各地的大学均有撒拉族学生上学，知识结构也逐渐从单纯的文科教育向理学、工学和医学等理工科扩展。

尽管国家实施了旨在提高少数民族文化教育水平的各项优惠政策，但是撒拉族的文化教育水平却还很落后，从 1990 年第四次全国人口普查数据来看，撒拉族人口的文盲率为 68.69％，而同期全国的文盲率为 22.21％，汉族为 21.53％，全国少数民族平均文盲率为 30.83％，撒拉族的文盲率远远高于全国、汉族和少数民族的平均水平，其中女性的文盲率为 88.96％，而同期全国、汉族和少数民族都在 31％～41％，撒拉族女性的文盲率高出其他民族一倍多。2000 年第五次全国人口普查数据显示，撒拉族的文盲率为 49.11％，同期全国为 9.08％，汉族为 8.06％，而少数民族为 14.63％，撒拉族文盲率高出少数民族平均水平3倍多。女性文盲率仍然很高，为69.80%，也为同期少数民族平均水平的3倍多。据2010年第六次全国人口普查数据显示，全国撒拉族6岁及以上总人口为113 873人，其中未上过学的文盲人口为24 119人，占总人口的21.2%，其中女性文盲人口为16 785人，占总人口的14.74%，仍然高于同期其他少数民族人口的比例。而从研究生以上的高学历人员来看，撒拉族共有93人，占总人口的0.8%，其中女性具有研究生学历者更少，只有23人，也远远低于同期其他少数民族的高学历人员比例，这对激烈的职场竞争和社会持续发展非常不利，应当引起相关部门的高度重视。

撒拉族小学生在上课　（马伟摄）

三、“瞎汉”与“阿林”

就知识掌握的水平和程度而言，撒拉族将人群分成两类：一类是所谓“瞎汉”，这是当地汉语方言，指没有上过学、不识字的人群；另一类是“阿林”，这是阿拉伯语，指有知识的人，在撒拉族民间，用以特指不识阿拉伯语、不会念经的群体。现在也通常指没有受过正规教

育的人群。所以，“阿林”在撒拉族社会中专指懂得阿拉伯语、会念诵《古兰经》的阿訇、满拉（即在清真寺学经的学生），历史上也称作“阿浑”、“掌教”、“乡约”等。1949年以后，也泛指所有掌握包括汉文知识在内的文化知识的人。一般而言，在农村，“瞎汉”是大多数，而“阿林”则是极少数，“瞎汉”要在“阿林”的带领下做礼拜、从事宗教活动。所以，“阿林”受到整个社会的尊重，要是某个家庭出现了“阿林”，那是极为荣耀的事情。“瞎汉”则为社会所不齿。实际上，在历史上，拥有“阿林”的阿訇或“掌教”成为村落社会的权力阶层，主要掌握村落宗教仪式或宗教活动，并进而控制世俗社会，因为宗教生活是撒拉族社会生活中最为重要的一部分。

“瞎汉”与“阿林”　（马伟摄）

“瞎汉”与“阿林”构成了撒拉族社会两个特殊的人口结构，这种人口结构也影响到社会分工和劳动分工，“瞎汉”从事体力劳动，凭借体力生存，受“阿林”的引导和支配；“阿林”从事脑力劳动，是宗教生活的领袖，凭借知识生存，成为“瞎汉”的导师。这样，撒拉族社会也就自然地形成了两个阶层，上层由掌握宗教知识的“阿林”构成，下层则由不掌握知识的普罗大众——“瞎汉”构成。“阿林”在掌握了宗教知识以后，就被本村或者其他村落的清真寺聘任为清真寺掌教，主持该村落的宗教生活。由于他们在学习期间或主持清真寺宗教事务期间，见多识广，更加丰富了他们的社会知识，加之，他们在从事日常宗教生活的同时，还要帮助处理村落有关民事、刑事等诉讼案件，为维护正常的社会秩序做出了贡献，也就自然受到社会的尊重，其在社会的威望也会越来越巩固。而社会对“阿林”也有很高的期待，一方面希望他们有很高的宗教修养，另一方面也希望他们有很好的道德操守。所以，在清真寺聘任掌教时，寺管会会从多方面考察“阿林”的道德品质。

接受经堂教育的撒拉族学生 （马伟摄）

第四节 职业结构

一、传统的农业经营者

撒拉族大多生活在青海省循化县黄河、清水河与街子河流域（化

隆县甘都镇的撒拉族也在黄河的北岸)，三条河流两岸的台地和小块冲积平原提供了适宜农业耕种的丰腴土壤，因此，大多数撒拉人凭借自己的勤劳在三条河流两岸开辟了农田，耕种着小麦、青稞、洋芋、苞谷和各类蔬菜，同时有经营园艺业的传统。早在乾隆五十七年（1792年）龚景瀚编撰的《循化志》里就记载了撒拉族的农业生产状况："甘肃农桑多缺不讲，而循化尤甚。……惟撒喇族回民及起台边都二沟番民，颇有水田，得灌溉之利。然皆卤莽特甚，至于蚕事，不独目所未见，亦复耳所未闻矣。……循化多系山田，水地不及十分之一，渠水亦甚微细，俱难办理。"[①] 可见，在18世纪末期，循化可耕种的土地面积还是很少的。就在仅有的一点土地面积里，撒拉人种植"五谷，附城左右多种青稞、小麦、大麦，而大麦尤多。豆则小莞豆、小扁豆、白莞豆、蚕豆、绿豆，园中间有种刀豆者。秋天种大糜子、谷子，其荞麦则青稞割后方种，唯此为两收"。[②] 除了种植粮食作物外，还种很多的蔬菜、水果等经济作物。"菜蔬，则本城保安、起台、边都皆有，胡麻、芥子，隆务寨亦间有之。白菜多而佳，惟红庄撒喇种之花椒，与川椒稍逊，别工之花椒则不及也。……其附城左右，则菠菜、瓠子、芹菜、茄子、黄瓜、菜瓜、葫芦、西瓜、葱、韭菜、苜蓿、山药，园中皆有之。……果则桃、杏、苹果、樱桃、林檎、枣子，葡萄佳，核桃尤佳，出积石关者皮薄。梨，名为长把梨者，味酸，有一种形尖者，名油搅团，颇甘，其至冬熟者，名冬果，形圆味尤佳。"[③] 由此可见，撒拉族早在18世纪就有种植经济作物的传统，农业产业结构较为合理。而且，其中的花椒、瓠子、核桃等品种至今仍然是循化县坚持耕种并形成一定产业规模和影响力的特色经济作物。目前，循化县的

① 龚景瀚编．循化志（卷七《农桑》）．青海人民出版社，1981：279.

② 龚景瀚编．循化志（卷七《物产》）．青海人民出版社，1981：293～294.

③ 龚景瀚编．循化志（卷七《物产》）．青海人民出版社，1981：294.

“两椒一核”是主要的经济作物，是农业中的支柱产业，在省内外具有很大的影响力。所以，适合种植上述经济作物的沿河一带农村有很大一部分人从事经济作物的生产、加工和销售。

循化花椒 （马伟摄）

随着撒拉族人口的不断增长，黄河、清水河与街子河两岸的台地基本被开发成水浇地，这里是撒拉族粮果菜的集中种植地，这里海拔在1840～2200米，据统计，这里的土地总面积为367.3平方公里，占全县总面积的17.5%，其中耕地5万亩左右，占总面积的8.9%，占全县耕地面积的38%左右，这一区包括黄河沿岸的查汗都斯镇、街子镇、积石镇、清水乡和白庄乡等，共七十多个行政村，是撒拉族人口最为集中的聚居区。由于这一带土地面积少，人均土地面积才一亩左右，人地矛盾越来越突出，形成“倒逼机制”，撒拉人的农业生产空间只能向周边山区拓展，在附近的山上开发了一定规模的旱地，这些旱地用来种植芥子、胡麻、土豆等农副产品。这样，历史上的撒拉族从事农

业生产的人数就越来越多。加之，在清代爆发反清起义以后，朝廷严禁撒拉族人出外谋生，对个别非出不可者发给路照，限期返家。在这种政策下，撒拉人只能依靠土地耕种以确保生存。

二、善于经商的民族

在撒拉族传统的职业结构中，从事农业的人是大多数，少数人从事商业。商业是撒拉人较为重视的另一个职业。撒拉人历来就有从事商业活动的传统，早在明清时代，撒拉人是纳马十九族之一，在茶马互市中多次被朝廷奖赏，由于在茶马互市中表现突出，还拿过两次“金牌信符”。

撒拉人崇尚商业是有历史依据的，由于撒拉人全民信仰伊斯兰教，社会生活完全按照伊斯兰教的教义遵行，所以，伊斯兰教的主张和要求对撒拉人的生产生活以及经济活动有着很大的影响力。在伊斯兰教中，商业是真主喜爱的职业，创始人穆罕默德在年轻时代也从事过商业活动。据历史文献记载，早在5世纪，阿拉伯的麦加地区就成为一个商业化程度很高的城镇，经过几百年的发展，逐渐地，麦加成为了一个商业中心和金融中心，“麦加是金融家和生意人结合的中心，他们这些未来的古莱氏人，都是善于算计和经营的人。”① 商业的发展使得经商的古莱氏人与麦加四周的贝都因部落以及波斯、北非等地区发生商品交换关系，打破了麦加的地域界限。有学者甚至断言，阿拉伯半岛的统一与阿拉伯南部商业的毁灭有关。由此可见，伊斯兰教与商业经济的关系有着多么紧密的联系。

不仅如此，伊斯兰教在初创时期，便已形成了非常严格的商业伦理，这些商业伦理也成为了伊斯兰教关于商业的相关法律法规。体现

① ［法］里昂·马赛．伊斯兰教史．商务印书馆，1978：17.

在商业方面的伦理包括反对浪费、坚持诚信、反对囤积居奇、坚持买卖公平、鼓励合法经商、禁止重利盘剥、要求完纳天课、禁止放高利贷等，不一而足，种种关于商业的规范，很好地维护了市场的正常秩序，使得买方和卖方都得到了公平的利益。同时通过天课制度的实施，解决了贫富悬殊的问题，通过课税制实现了社会公平。

伊斯兰教的商业伦理和商业价值观，对撒拉族也有重要的影响，尽管撒拉族的主要产业是农业，但是，撒拉人对商业的崇尚和商人的尊重早已成为社会的普遍共识，商人在撒拉人中普遍得到尊重。在撒拉语中，将从事商业的人称为“萨特合基”，“萨特合”指的是买卖、贸易、交换，后缀以“基”，便成为从事某种活动的人，“萨特合基”在撒拉族中是一群受到广泛推崇的职业群体。撒拉人过去的商业经济主要体现在农副产品和畜牧业产品方面。如果明清以来的茶马贸易主要是与官府进行贸易有关的话，那么，在日常生活的交易活动中，则主要是内部交易或是针对周边藏区进行的贸易活动。

在撒拉人传统生活中，有一种“走藏”的说法，说的便是到周边藏区经商的人，这应该是早在明清以来的茶马互市中培育起来的商业传统。撒拉人将自己种植的粮食作物、蔬菜产品、水果以及生产工具、生活用品等物品运到藏区，再从藏区运回牛羊肉、毛皮、酥油等畜产品进行交易，从中获得利益。

民国时期，撒拉族地区在方圆不到30公里的地方就已经形成了较为成熟的4个集市贸易中心，一个是白庄集，一个是街子，一个是“期子”（即汉语“柴集”之音转，现为清水乡孟达村所在地），一个是衙子（即现在积石镇所在地），这几个贸易集散地以循化县城为中心，形成了覆盖循化全境的市场网络，每月在固定的日子进行集市贸易，这些集市主要从事木材柴禾、粮食产品、畜产品、生产工具、生活用品及其他日用品的买卖，极大地方便了包括撒拉族、藏族、回族和汉

族在内的循化县各族人民的日常生产生活。而这几个贸易集散地所在地都是撒拉族的聚居区，因此绝大多经商人员仍然是撒拉族，这是自明清以来茶马互市经济活动在民国时代的延续。1949 年以后，由于实行了生产资料的社会主义改造等运动，取缔了相传已久的经济贸易活动，一直到 1978 年年底党的十一届三中全会提出改革开放后，沉寂了近 30 年的市场又开始活跃起来，撒拉人又满怀豪情地投入到市场经济的大潮中，引领了青海省民营经济的潮流。

三、市场弄潮儿

至 20 世纪 80 年代改革开放后，撒拉人更是如鱼得水，率先进入了市场经济大潮，尤其在商业、交通运输业、牛羊绒加工业和建筑等行业方面，引领了青海地区乡镇企业的大潮。曾几何时，还全面控制了青海至西藏、青海至四川、青海至新疆的客运和货运业。乡镇企业在循化县如雨后春笋，到 1995 年年底，循化县乡镇企业个数已经达到 1295 家，产值达 1 亿多元，而这其中的绝大多数企业都是由撒拉人创办的，获得了循化县经济半壁江山的地位，① 形成了以建筑和房地产业为主的兴旺集团、以牦牛绒加工为主的雪舟三绒集团以及以服装、穆斯林帽子生产为主的伊佳集团等在省内外甚至在国内外享有盛誉的企业集团。

进入 21 世纪，青藏铁路建成通车，20 世纪 80 年代以来在格尔木和西宁形成的由撒拉族主导的运输业受到不小的冲击，撒拉族凭借坚韧的意志，迅速转变发展观念，筹措资金，投入到房地产、旅馆、餐饮等服务业，并从原来比较集中的西宁市、格尔木市等地，向更广泛的全国各大中型城市流动，主要从事“拉面经济”，郑州、杭州、北

---

① 马成俊主编．循化县社会经济可持续发展研究．青海人民出版社，1999：92～99.

京、上海等城市集聚了数百家经营拉面馆的撒拉族家庭，随着目的地城市对流动人口的税收、子女教育等各方面优惠政策的实施，吸引了越来越多的撒拉族涌向大城市发展。这样一来，原本从事传统农业的人口经过一定的培训，实现了从农业向餐饮服务业等第三产业的转变，撒拉族人口的职业结构发生了根本的转变。

四、数据的变化

据1990年第四次全国人口普查数据显示，撒拉族从事农村体力劳动者达89.12％，而同期全国从事体力劳动者平均为70.58％，撒拉族高出全国平均水平将近20个百分点，同期少数民族从事体力劳动者平均为82.70％，撒拉族高出近7个百分点。2000年第五次全国人口普查数据显示，撒拉族从事体力劳动者为81.80％，同期全国平均为64.46％，少数民族平均为78.77％，撒拉族仍然高出全国平均水平17个百分点，而接近于少数民族平均水平。有趣的是，撒拉族1990年从事非农体力劳动者为5.68％，同期少数民族平均为10.26％，汉族为21.46％，全国平均为20.61％；到了2000年第五次全国人口普查时，这个数据发生了很大的变化，撒拉族非农体力劳动者为12.30％，同期少数民族、汉族、全国平均数分别为13.34％、26.20％、25.07％。从中可以看出，10年中，撒拉族从事非农体力劳动人数迅速上升，人口结构发生了显著变化。尽管1990～2000年，撒拉族从事农业体力劳动人数相应减少，但是仍然较为显著。

第五章

撒拉族的文化生活

第一节 生儿育女

一、生命的诞生

撒拉族妇女生孩子时，传统上由村里的接生婆来接生。得知生孩子的消息后，妇女们纷纷端来香喷喷的油搅团、红糖等，男子则带几包茶砖等来看望。娘家人更是经常带着东西来看望。至满月后，娘家人要进行隆重的“看月”活动，他们要牵来一只肥美的活羊，并带着送给女儿、婴孩及他们全家的衣服去庆祝新生命的诞生。主人家则当场屠宰绵羊，收拾停当，备好丰盛的食物，热情招待娘家客人，并给前来贺喜的每个人送点钱表示感谢。

待婴儿出生四十日左右，就要举行“出门”仪式。主人家里炸好香喷喷的“古古玛玛”（一种油炸小食品）或准备好糖果等，选一个吉祥的日子如星期五或者当月初九、十九、二十九等，让孩子与其母亲出大门，这是襁褓中的婴儿随着母亲走出家门、走向世界的第一天，所以撒拉人特别重视，把准备的小食品施散给过往行人，邻近孩子们非常高兴，得到食品后又跑去告诉自己的小伙伴们。在整个看月仪式上，对男孩的庆祝显得比较隆重。

在开春时节，如江南三月，万花盛开，群莺乱飞，撒拉族地区迎来青藏高原的第一缕春风。这时的撒拉人一般给孩子接种牛痘苗，预防天花、麻疹等。所种牛痘即将成熟时，家里还煮一锅“牙日麻”（煮熟的小麦、蚕豆等），施散给巷道里的众人。届时，巷道里的人和过路人们手捧着香喷喷的“牙日麻”，一面吹着气，一面享受着“牙日麻”的美味。男孩长大后，要进行“割礼”仪式，即请当地外科大夫割除其生殖器包皮，这是伊斯兰教的一种圣行，从卫生角度而言也是很科学的。而女孩稍大后，要头戴纱巾或绿盖头遮盖头发。

二、花样繁多的名字

撒拉族在过去没有节育习惯，他们认为子女是真主的恩赐，生多少是多少，不能强行节育。既然如此，人的节育措施都是不可取的。因此，20 世纪 80 年代以前的许多家庭都是多子女。由于农村传统经济和社会环境的影响，一般家庭更重视生男孩，但也不歧视生女孩，认为这一切都是真主所决定的。真主所赐予的一切，不管你愿不愿意，都得无条件地接受。

孩子出生两三天后，就邀请本村阿訇或家族中德高望重的老人给婴儿取名，阿訇跪在炕上，面对婴儿，问清婴儿家庭中其他人员的名字，以免重复。他一边念诵经文，一边轻轻地向婴儿吹一口气，完毕告诉家人给婴儿取的名字。一般而言，早期撒拉人名字是在本名之前加父名而成的，如阿干汗·尕勒莽、尕勒莽·奥买尔、奥买尔·顺宝、顺宝·萨都喇等。与过去相比，现在撒拉人的名字发生了较大的变化。

从大量的清代文献中，我们发现很多名字是根据父亲或爷爷的年龄来取的，如父亲 25 岁得子，就取名二十五；若是 28 岁得子，就取

名二十八；30 岁得子，就取名三十（十音发喜音）；或者根据爷爷的年龄取名，以这种方式取名的在目前老人中还不少，如称六喜的（六十），称五十八的，四十九的等。

这些以数字起名的，往往在其名字前冠以韩、马及其他姓氏。在撒拉族中，原来有所谓“十个撒拉九个韩”之说，其实，在撒拉族中，韩姓和马姓几乎各占一半，只有少量的沈、何、王、张、李、赵等姓。

有的以婴儿出生时的体重取名，如婴儿生下来时重三斤，就称三斤，重五斤，就称五斤。按照各自认定的姓氏在前面冠以韩或马姓。

有的以婴儿出生的日期来命名，如星期五出生的男孩称主麻，女孩称居玛姑等，若婴儿出生之日为节日，就依节日之名而取名，如有称格地勒、保热特、古尔班等，若出生在斋月中，就称热吉布、沙巴尼、热木赞等。

在过去还有几个弟兄称大个、二个、三个的，其中含义可能是一种排行。有些父亲叫什么，其儿子也就叫什么。女孩当中有好多是以花命名的，如有叫菊花、樱桃等。

20 世纪初以来，随着在撒拉族地区建立儒学、义学或现代学校，撒拉族人开始取“国名”，也叫学名，即学校中的名字，这些名字往往都是学校里的老师所起。凡是进入校门的人都有一个学名，这样，只要是进过校门的人，每个人都有两个以上的名字，即经名、学名和绰号。绰号往往是用以区分重名的一种方式。20 世纪 80 年代以后，由于宗教知识的普及和当地阿訇的规劝，目前绝大部分人都依伊斯兰教经名而取名，如男孩多取穆罕默德、奥买尔、阿里、达吾德、艾扫等，女孩多取阿依霞、索菲娅、赛力麦、法土麦等。现在的人很少以数字命名。

在取名倾向上，男孩多取勇武之义，而女孩多取美丽之义。在魏源、左宗棠、顾颉刚等人的笔下，对撒拉族男性的评价大都是英勇剽悍的，如男孩中有称狮子、老虎、豹子等绰号的足可以证明其性格。而女孩中有称樱桃、圆圆、菊花、葡萄等的，以显示撒拉族女孩的美丽，人称循化是“美女部落”即源于此。过去，由于民族文化间交流，撒拉族也有少量取藏族名字的，如尕让、才让、作南（索南之音转）等。若有重名现象，就以父子连名或以其年龄、身体特征而取绰号来称呼。对年长的男性还往往在其名字后缀以“保”或“巴巴”来表示敬称，对年长女性则在其名字之后缀以“孜”等表示尊重，对年幼女孩则在其名字之后缀以“姑”表示亲昵。

第二节　婚姻的缔结

一、提亲

撒拉族的婚姻受伊斯兰教的影响较深。女孩 9 岁、男孩 12 岁在撒拉族看来是出幼的年龄，要开始承担宗教义务。在过去的传统社会中，当女孩长到十四五岁时，就要在家里学习有关烹饪和裁缝的知识。撒拉族女孩都以能做一手香甜可口的美食和一身得体大方的衣服为荣，这也是除容貌以外女孩外嫁的重要条件。在过去的撒拉族社会中，由于普遍早婚，包办婚姻十分盛行，媒人在社会上自然具有重要的地位。撒拉族谚语云：“天上无云不下雨，地上无媒不成亲。”撒拉人都热衷于当媒人，虽然做媒促成一门亲事花好大一番精力，甚至有时辛苦一场却到头空，然而，天性热情的他们仍东奔西走，穿针引线，乐此不疲。他们认为牵线搭桥，促成姻缘，就是积善行德，造福社会。他们甚至认为，促成一门婚事，其功德等于修建了一座清真寺的宣礼塔。

撒拉族父母认为，及早给子女完婚是他们的重要义务。因此，当子女长大时，父母就考虑孩子们的终身大事。按习俗，男方家庭要积

极主动四处打探好姑娘，而女孩家庭则在前来说媒的人家中择优考虑。当男孩父母看中一个女孩时，他们就征询儿子的意见，若儿子同意，就派一个媒人去女方家表示求婚之意。

媒人进女家时，带一两包茶和几包冰糖，作为见面礼。媒人往往凭借自己出众的口才，介绍男孩及其家庭背景，并代男方家庭转达求婚愿望。女孩父母若不满意对方条件，则对媒人婉言谢绝，若满意对方条件，就征求女儿意见，然后召集女儿的舅舅、叔伯兄弟等人前来商量此事。若大家一致同意，就告诉媒人商量的结果。

二、送“订茶”

经过商定，男家择期通过媒人向女家送“订茶”。过去，订茶一般为一对耳环、一件衣料、两包伏茶。当时送订茶，人们又称之为“戴耳环”或“戴包头”，意味着这个女孩已“名花有主”，别的人不能再去女家求婚。随着社会的发展和物质生活水平的提高，现在一般都送两三千元的现金作为订茶，让女孩买自己喜欢的物品。

三、送彩礼

送完订茶后，就要送彩礼了。彩礼在撒拉族中称之为“麦海勒”或“玛勒”，前者为阿拉伯语，后者为撒拉语，在撒拉语中，“玛勒”指的是牛羊等牲畜。民国以前，彩礼大多以牲畜代之，因此，送彩礼亦称为送“玛勒”。撒拉族送彩礼时场面盛大，凡是本孔木散的男性和准新郎的舅舅等人都要前往女家，人数少则二三十人，多则四五十人，且都为男性。关于送礼的人员，撒拉族有一定的讲究。新郎家所有的男性成员都要参加这个仪式。此外，新郎的舅舅、姑父、姐夫、阿格乃的所有男性成员以及各孔木散家庭的一名男性代表也要参加送彩礼活动。当然，媒人更是不能缺席的。彩礼的多寡，视男方家庭的经济条件而定。在《循化志》卷七中对二百多年前撒拉族彩礼的情况叙述如下："其财礼亦当日定议，马二匹，或马一骡一，贫者则以四小牛，择日令送。贫者先送其半，临娶又送红梭布一对，绿梭布一对，蓝布料一匹，蓝布裙料一匹，桃红布主腰料一匹。富者被面料布二匹，被里料白大布二丈。"在 20 世纪 80 年代以前，彩礼一般只送几件布料、几套衣服、金银首饰、绿盖头、化妆品等。现在的彩礼形式主要以现金为主。

在过去，由于经济条件差，好多人家无力承担昂贵彩礼。在送完部分彩礼后，其他的部分延期再送。直到将彩礼送完，结婚事宜才能完成。延期时间短则几月，长则一年半载。撒拉族的婚礼都是在冬天举行的。这是因为冬季正好是农闲时节，外出务工或做生意的人都已回家。这既为十几天的婚礼过程保障了人力资源，而且男女双方的所有亲戚都能参加婚礼，使整个婚事活动显得场面热烈。把婚礼安排在冬天的另一个重要原因是，冬天气候寒冷，食物宜于贮存而不变质。

女方家在接待送彩礼的客人时要准备丰盛的宴席，这也是女方家在整个婚礼过程中最为隆重的待客活动。当男方家客人到了门口时，女方家的全体男性主人列队站在门口，待男家客人迎面站立好后，双方同时向对方大声问好"萨拉目"，然后才请男方客人鱼贯进入女家，在庭院里，再重复说一次"萨拉目"。宴席当中的饮食包括羊肉手抓、大块鸡、牛排、各式凉菜和热菜，还包括各式干果和三炮台茶。根据掌故老人讲述，在 20 世纪二三十年代，招待送彩礼客人的菜肴为干果、奶茶、油香、馓子、油枣、糖包子、肉包子、花卷、火锅和一碗烩菜。

四、念证婚词

在招待送礼客人的宴席结束后，就要请阿訇诵读阿拉伯语证婚词，

宣布婚姻的正式缔结。清代乾隆时期循化同治龚景瀚在所撰《循化志》卷七《风俗》中对当时的婚礼做了一番这样的描述："娶日，婿及男亲皆往，迎至女家门外，环坐野地，其尊长为诵合婚经，婿在野中跪，新妇在家中跪。诵毕，女家送油面疙瘩，又名油香，每人各一器，牛肉各一块，即各先回。女家一女人送新妇来，各骑牲口，其男眷或多或少，女眷同新妇至婿家，婿家闭门索礼，以女鞋一双与之，乃开门，婿家以箭杆二枝与新妇兄弟，婿家女眷奉奶茶四杯，同送亲女眷对拜三拜，送亲女眷食少许，乃同新妇进门，在灶门前立，其送亲男眷不入门，环坐野地，婿家以牛肉、礶䃺、油面疙瘩、馓子饷之，先回，至晚成亲，不拜天地，不拜祖宗翁姑。次日，夫妇各洗浴，新妇拜见翁姑及各长辈，婿赴女家拜女父母各亲。"

阿訇念"尼卡赫"　（马伟摄）

社会发展到现在，撒拉族人婚礼仪式也有了一定的变化。当大家在炕上坐定以后，一个盛满红枣和核桃的盘子置放在阿訇前面的炕桌上，下面的凳子上并排坐着新郎和伴郎。阿訇首先询问彩礼交清了没有，媒人是谁，然后，向新郎询问有关宗教信仰方面的知识。撒拉族人认为，如果一个人没有宗教信仰，即使阿訇诵读了证婚词，其婚姻仍为无效。其中最关键的是让新郎诵读“伊麻尼”（即清真言：万物非主，唯有真主，穆罕默德是真主的使者）。之后，阿訇让新娘的父亲讲话，新娘的父亲说：“我的女儿×××许配给×××了。”新郎会说：“我承领了。”表示接受，当阿訇在念完“尼卡赫”（证婚词）后，在场的所有人为新人祈祷祝福，然后阿訇将面前盘里的红枣和核桃撒向人群，人们纷纷抢食。与此同时，在另一间房子里新娘由其女性亲属将辫子梳开，上下各梳三次，并祝福新人幸福美满。至此，新郎和新娘已成合法（伊斯兰教法）夫妻。在现代社会中，在举行宗教婚礼时，往往有阿訇询问是否提前领有国家颁发的结婚证。

过去，“尼卡赫”念完后，新郎的舅舅、叔伯等亲戚给新郎披挂红绿绸缎，撒拉族称之为“红吾日”。新郎要给新娘的所有亲戚致“赛俩木”（阿拉伯问候语，意为平安）。新娘的姑姑等女性亲戚则故意躲在厨房里，使得新郎找不到她们而难堪，引起众人大笑，场面十分热闹。男女双方家庭都要对在场的客人和观众施散“哈地”（带有宗教意义的礼物，此处指钱），阿訇为一二十元，其他人为四五元到十元左右。此外，双方家庭还要对女方社区的清真寺施散几百元钱。送礼客人临走时，女家要给新郎回送一套衣服，现在多送一顶帽子、一套衣服、一双皮鞋、一件皮夹克等。

五、“印森吾日”

念完证婚词后的第二天，女方家开始宴请亲戚朋友，撒拉族称之为“印森吾日”。“印森”可能为汉语音转，意为“人心”，而“吾日”为撒拉语，意为“送，给”，二者合在一起意为“送人心”或“送人情”，即平常所说的“搭礼”。黎明时分，所有参加晨礼的人都被邀请到婚事人家。如果某一家的男子没有参加这次晨礼，他们家的一名男性代表一定要被邀请过来。这在撒拉语中称为“满拉恰勒”，意为请

客。这次请客等于一封请柬，通知村里人来参加婚礼。至于居住在其他村子里的亲戚，则要提前通知他们宴请宾客和讨喜的时间。待客饮食包括奶茶（或清茶）、馓子、油枣、油香、糖包子、肉包子，最后还有火锅等。

客人散去后约 10 点，亲朋好友纷纷前来送礼表示祝福。婚事人家的阿格乃、孔木散成员首先来搭礼，因为他们既是最重要的亲戚之一，更主要的是阿格乃、孔木散往往是撒拉族社会的一个生产单位，也是一个社会交往团体。宴席结束后，他们就留在主人家里协助新娘父母招待客人。过去，除了现金以外，布匹、化妆品等也是“送人心”的重要礼品。如今，搭礼的钱物只剩下现金了。搭礼的钱数与物品取决于客人的经济状况，更主要的是取决于他与主人家的亲缘关系和礼物往来。在 20 世纪 90 年代中期，另家单独生活的哥哥搭数万元，新娘的叔伯们所搭的稍少于哥哥们的礼金，孔木散成员们一般搭几十元。饭毕，送礼的人们都将得到一份熟肉，当地称之为肉份子。肉份子的大小与他们所搭礼金的数目相关。

之后，首先进餐的是舅舅及他的随从。在撒拉族婚礼中，不仅舅舅自己家庭要参加外甥的婚礼，他还要率领自己的阿格乃、孔木散成员前来送礼祝贺。如果他们远道而来，新娘家的所有阿格乃、孔木散成员都要出门迎接，并互相致“萨拉目”。舅舅在撒拉族社会中享有很高的地位。在婚礼前，新娘家需要专门宴请舅舅及其家人，这在撒拉语中称为“阿让恩达”，其意主要为向舅舅汇报婚事准备和进展情况，并希望得到他的认可。如果舅舅不同意，那么这门婚事就很难进行下去。舅舅的不同意，主要原因可能是他没有被告知婚事的详细情况，没有受到热情的招待等。在这种情况下，主人家往往请阿格乃、孔木散中的德高望重之人出面向舅舅赔礼道歉。这种习俗在循化的清水地区较为流行。舅舅的地位决定了他是搭礼这天最重要的角色，同时也是搭礼最多的客人。在新中国成立前，舅舅的礼金为10～30银元，如今至少为一两千元。同时，舅舅的阿格乃、孔木散成员每家都要派代表跟随这位舅舅来参加他外甥的婚礼。他们跟婚事人家并没有任何亲戚关系，他们只是在壮大舅舅参加婚礼的声势。他们每人的礼金一般为几十元。主人家对舅舅及其随行人员招待时给予高度的重视，虽然准备的饭菜数量与其他客人没什么不同，但必须是质量最好。撒拉族称这顿饭菜为“阿让乃么”，意为“舅舅饭菜”。

除舅舅外，姐夫、姑父等重要客人也都率领自己的阿格乃、孔木散成员前来送礼祝贺。其中，姐夫所送礼金基本上与舅舅持平，近年来，甚至超越了舅舅。主人家所在的村里人也都前来庆贺，他们的礼金不多，除非其中有人与主人家有着特殊的亲密关系。

对于舅舅，撒拉族还有敬送“羊背子”之俗，对此撒拉语中称之为“吾吉库特”。将羊宰杀后去皮，然后从腿骨节处剖开，再从胸部最低肋骨处切开，便是羊背子。之后用细绳、竹签之类的东西固定肉块下锅煮。撒拉族认为羊背子是羊身上最好的肉，应该送给最尊贵的客人——舅舅等，对其他重要的宾客送羊大腿等，最后，还要对所有来客每人送一块肉份子。肉份子也是有大有小，依来客的身份、年龄等依次分送。客人则将这些象征地位、身份的羊背子、羊大腿、肉份子带回家与家人共享。煮羊背子等肉时，需请手艺高超的人操作。他们一般将大块肉直接放进大锅里，以木墩子烧火，从晚上八九点烧到深夜一两点。待肉熟后，取出晾一夜，次日以快刀分解。打肉份子时需要刀法精细，脑子灵活，要计算好打多少大的、多少小的。否则，主人家预备好的肉可能不够用，使得不到肉份子的人很尴尬。

当天下午，新郎家的阿格乃、孔木散成员要把从远方村子来的客人请到家中做客，撒拉族称之为“高那合家木那”。这些家庭所备饭菜基本与新娘家相同。若条件许可，有些人还宰羊准备丰盛的饭菜。

在念完“尼卡赫”后的第三天，男方家也要宴请他们的亲朋好友。

六、送新娘

在男方家宴请宾客结束后的当天下午，新郎家派人去接新娘。过去，迎娶新娘时，男方家必须要派一两匹马或骡子让新娘和她的伴娘乘骑。女家再派七八个年轻小伙子们将嫁妆拉到新郎家。伴娘一般是新娘的姐姐、嫂子或姑姑等。在新娘动身离开前，姑姑婶婶们嘱咐新娘如何做人妻，如何报答对自己生身父母的养育之恩，如何尊重并孝敬公公婆婆等。这时，左邻右舍的亲朋好友都纷纷赶来，簇拥在新娘周围，观看姑姑婶婶们如何给新娘梳妆打扮。

新娘倒着走出娘家　（马建新摄）

新娘身穿鲜艳的大襟长衣，脚蹬红绣花鞋，头上戴着银花和银冠子，耳佩大耳环，手戴戒指和手镯，并披上宽大披风，发型由姑娘式改成已婚妇女的发式，并用纱巾遮盖住头脸。然后由舅舅或叔伯搀扶，低着头弓着腰，缓缓退出大门。与此同时，新娘哭唱“撒赫斯”：

哎！把骡子牵向了我，
梳我黑发的姑姑哟，

让白青稞再生长点吧，
让黄油菜的种子开花吧，
让黑油菜的种子成熟吧。
哎！给我梳发的姑姑哟，
让大院子里的牡丹盛开吧，
让小院子里的果树发芽吧，
让我头上白羊毛般的头发长出来吧，
让我头上黑羊毛般的头发长出来吧。
……

新娘退出大门以后，绕行乘骑一周，并徐徐撒完一把象征家中五谷丰登、到婆家生根发芽的粮食，然后骑上由新郎家送来迎娶的骡马，由至亲中两位已婚的妇女陪伴，其他亲朋好友簇拥，浩浩荡荡去男家，并一路哭唱“撒赫斯”。若新娘出嫁年龄太小，则要抒发对早婚的不满，其唱词哀婉动人，令人潸然泪下：

我的父亲啊，
我的父亲啊，
你担心女儿像房中积久的灰尘一样，
挥之不去吗？
即使是积久的灰尘，
也会有一天能掸掉的。
你担心女儿像积水一样，
渗透在院中吗？
即使是多时的积水，
也总能泼扫干的。

你等不到女儿的头发长长吗？

你等不到女儿的牙齿长全吗？

……

如今，由于交通工具的发达，新娘已不乘骡马而坐小车，送亲人坐大客车。新娘绕行乘骑、撒谷子、哭唱“撒赫斯”等习俗已成遥远的过去。

七、挤门

在去往男家的途中，与新娘同村而嫁到其他村子的妇女们会端出香喷喷的油搅团，在新娘队伍必经之地热情相迎，让新娘及送亲人稍事休息，并“密告”男家将要挤门的情况。新娘父亲给她们点礼钱，以示谢意。当新娘一行行至男家门口时，新郎家的至亲好友全部出来迎亲，鸣放鞭炮，并用“水炮”和“号斯炮”喷打新娘坐骑。进门时，伴娘下马而行，新娘要骑马进门，但男方家会派几个青年男子守住门口，让新娘下马步行而入。他们认为新娘若步行而进，来日便可容易调教，反之，有损于男家的门面和社会地位，被人耻笑，所以他们非要新娘下马步行不可。而新娘家认为，大喜之日是新娘一生中最珍重的日子，不应让新娘受丝毫的委屈。一方要下马而行，一方要骑马而进，双方为此闹得不可开交，你冲我堵，在过去甚至打得头破血流。如果女家让新娘骑马进去，就算女方赢，反之则输。如果女家挤不进去，就吵闹要把新娘带回去，男方人家也就忙请阿訇或老人来调和，好言相劝，让他们息怒。若女方怒气还未消，媒人忙请新郎及其父亲去赔礼道歉，女方送亲人才肯进门。

进门后新娘被长辈抱进洞房。然后在庭院里双方男子各站一边，互道“萨拉目”。在过去，男家女眷手捧奶茶四杯，同送亲女眷对拜三拜，送亲女眷饮少许，同新娘在厨房门前稍立，后送入洞房。

送新娘 （马建新摄）

八、揭脸罩

当送亲女眷吃饭时，新娘要站在新房炕角。新娘上炕时，男方家的一两个小女孩已占领了炕角。这时伴娘要拿出点钱给小孩，小孩方肯出去。在女客们吃饭时，新娘始终站立在炕角。一段时间后，由新娘的弟兄或舅舅来给新娘揭脸罩，撒拉语称“巴西阿希”。揭脸罩的人一手拿一双筷子，一手拿一碗清水，在新娘头上绕几圈，并致一番祝福的话语：

祝愿我的姑娘在你的家里，
如石头般坚实站立，
如清水般深深下渗。

往下能扎深树根，
往上能张开树枝，
能如青油般地滚开，
能如牛奶般地沸腾。
能骑上骏马，
能挤上犏牛奶，
能吃上好饭，
能穿上绸缎。
愿生下三个男孩，
愿生下五个女孩。

揭去脸罩后，揭脸罩的人还拿着那把筷子讨揭脸罩钱，扬言若不给钱，要折断筷子。折断筷子会被男家认为是晦气的事。双方经过几番讨价还价后，才一手交钱，一手交筷子。当送亲男客吃完饭后，女客还要吃长面条，长面条取婚姻美满，情谊绵长之意。

九、摆嫁妆

之后，女方家在院中向人们展示新娘嫁妆。嫁妆以前主要为箱子、缎被、褥子、白毛毡、绣花枕头以及其他日用品和新娘的化妆品，此外，还有新娘给新郎家人缝纳的布鞋，撒拉语称“总海依”，新郎父母及其重要亲戚都有一对鞋，新娘父母及媒人等还有一对绣花枕

新娘嫁妆 （邵维善摄）

头。现在，给新郎缝纳“总海依”习俗已逐渐消失，随着生活水平的提高，新娘的嫁妆也越来越多，而且有点城市化的特点，洗衣机、冰箱、组合家具也出现在他们的嫁妆中。零碎嫁妆都装在一个箱子里，开箱前新郎家要给新娘家里的拉这些箱子的青年们几十元钱，并给拿箱子钥匙的新娘弟弟几十元钱，否则是很难得到钥匙的。这一仪式撒拉语称“板仓阿希”，意为开箱子。

十、说“乌如乎苏孜”

展示嫁妆后，女家要推举出一个德高望重的老人用撒拉语说“乌如乎苏孜”（意为对亲戚的话，即婚礼祝词），这是婚礼当中的一个高潮。其内容主要是教育在场人员尊重阿訇、老人、媒人、舅舅以及那些所有热心大众公益事业的人们。说乌如乎苏孜需要有良好的记忆力，即兴创作的能力，雄辩的口才，较好的口碑，渊博的知识等。过去，还有专门说乌如乎苏孜的民间艺人，有的甚至子孙相传。乌如乎苏孜是撒拉族民间口头文学的精华，也是撒拉族人民最脍炙人口的艺术形式。说乌如乎苏孜的习俗目前已经消失，以下为撒拉族著名艺人韩占祥1983年搜集整理的婚礼祝词中的一小部分：

呀！在这婚礼的吉祥日子里，
我给大家说一段婚礼祝词。
世界上谁是最受人们尊敬的人？
是阿訇学者。
为什么他们最受人们尊敬？
因为阿訇是教门的领头人，
尊奉真主旨意的人，
凭经传教的人，

为人师表的人，
表里相称的人，
念经干功的人，
翻开一张纸能见今世后世的人，
为教门率众百倍小心，
对真主最执着的人，
因此他们备受人们尊敬。
往下说，谁还该受人们的尊敬？
是村子里的老人们。
为什么他们也该受人尊敬？
为了后世的幸福，
头缠“达斯达日”，
日夜进出于清真寺大门，
修行干功，弘扬教门。
手拄拐杖，
礼拜之后到坟院，
祈祷真主搭救亡人。
为了全村的安宁和睦，
为了村民的子孙后代，
上山尖，勘地界，
走平滩，看庄稼，
到渠头，分水股，
有疑难，辨是非，
因此我们该尊敬老人。
再往下说，谁该受人们尊敬？
是舅舅。

为什么舅舅也要受尊敬?
俗话说：人出外家，铁出炉家，
论人品看舅舅，
娘家养育了好后代，
人看道德水找源，
树木参天必有根。
舅舅是骨头的主人，
尊敬舅舅是规矩。
……

十一、表演骆驼舞

为了给婚礼增加气氛，以前主人家还要请人跳追溯撒拉族族源的骆驼舞（撒拉族称之为“对益奥纳”）。骆驼舞一般都是婚宴当晚进行，一般由 4 人扮演。其中两人反穿皮袄一前一后扮骆驼，一人扮撒拉族先民，穿长袍，头缠“达斯达尔”（男子礼拜时所带头巾），牵着骆驼前行，而另一人扮当地蒙古人。表演是以撒拉人和蒙古人路上相遇时的对话形式进行的，其内容则是讲述撒拉族先民如何从撒马尔罕迁徙至青海循化的过程。两人的表演诙谐有趣，高潮迭起，常令观众拍手叫好。主人家在节目进行过程中也得拿出好吃的东西，不断“安抚”演出人员，保证节目顺利进行。骆驼舞的表演为婚礼过程增添了浓浓的喜庆气氛，也是撒拉族进行历史教育的生动课程。据老人回忆，这种表演一直延续到 20 世纪 50 年代，让人遗憾的是，目前骆驼舞的表演在民间已经失传。

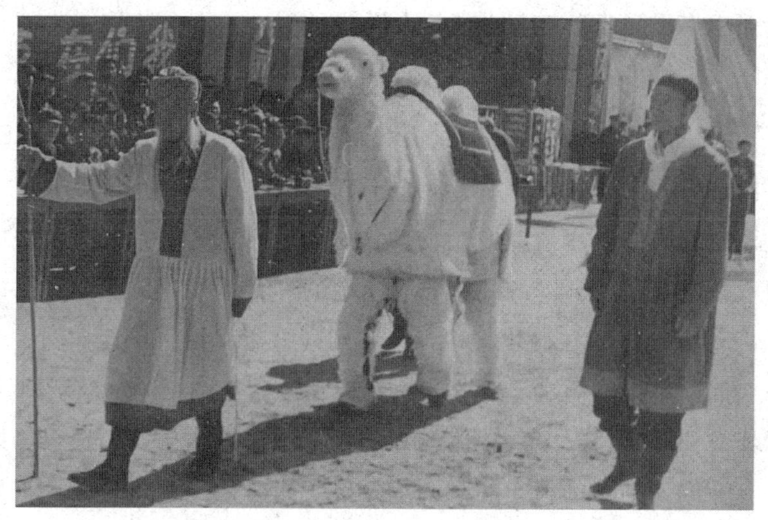

节庆活动上的骆驼舞　（马伟摄）

十二、入洞房

高原的夜晚繁星点点，寒气袭人，但迎娶新娘的人家里却人声鼎沸，喜气洋洋。人们吃着寓意婚姻长久的长面条，把祝福的话语送给新人，忙活了一天的妇女们也寻机会开心了。她们端来一盆水，用筷子搅动起来，然后让新娘往水中扔一块硬币，祝愿婚姻美满，生活幸福。经过这个“盖吉尔乔依”（意为“投戒指”）后，新娘也正式加入了这些妇女的生活圈子了。为表谢意，新娘还要拿出点钱，打点为迎接她而操劳多日的妇女们。

夜半时分，送亲人都被分流到各阿格乃、孔木散家住宿，新娘的旁边只剩下一名年轻妇女陪伴。能否当夜和新娘圆房，对新郎来说是个不小的挑战。如果新郎用甜言蜜语说服伴娘，再施之于小恩小惠，伴娘就会另宿别处，否则新郎只能等到第二夜才能入洞房。同村的男性青年们则寻找机会，偷偷躲在洞房窗户下偷听新婚夫妇的谈话，弄得小两口无法安宁。在幸福的无奈中，新郎又破财赶离他们。第二天，偷听过程将是同辈青年中的热点话题。

十三、“打发拉”

次日男方家设宴为女方亲戚送行，这一仪式被称为“打发拉”（意为“欢送客人”）。在喝完专门的“欢送茶”后，男方家还向新娘的母亲等女性至亲回送丰厚的礼物，感谢她们养育了如此美丽而贤惠的新娘。1979 年，笔者在循化县积石镇小别列村有幸经历了这样的一个仪式。当时，男方给新娘母亲送 350 元钱及一套衣服，新娘母亲回让 80 元，实拿 270 元和衣服，其他新娘的姐姐、妹妹、姑姑、舅母、姨母等也有三四元不等的钱。同时，不分男女给每人一块肉份子，给新娘父亲和舅舅的是“羊背子”。在孟达、清水等下四工地区，对送亲人中的男客也要送礼表示感谢。目前这种风俗正在消失当中。

十四、回门与“婆门讨喜”

送亲人回去的时候商量好回门的事情，到商定之日，女家用骡马（现在用小车）来接新娘，新郎（还有一位伴郎）以及除婆母外的所有男方女眷也都同行。新娘家里盛情款待回门人员后，其阿格乃、孔木散也要宴请客人。

两三天后，新娘娘家人又抬着嫁妆到新郎家恭喜，称为“婆门讨喜”，意为娘家恭喜。新郎家要准备丰盛的饭菜招待客人。新娘娘家恭喜完之后，新郎的舅舅等其他亲戚以及村里人都来讨喜。几天后，新郎和新娘带一些茶叶、冰糖之类的东西二次回门。婚礼至此基本结束。

十五、答谢

婚礼是在寒冬腊月里举行，挑水劈柴等非常辛苦，因此，婚礼结束后，婚家要拿出各种名目的钱来感谢帮忙之人，如给挑水的姑娘们

“水钱”，给男青年们“青年钱”，给在厨房做饭的妇女们“锅灶钱”等。媒人在整个婚礼过程中立下了汗马功劳，人们认为其功德相当于修了一座清真寺的宣礼塔，因此男女两家在婚礼结束后，要给媒人送一双鞋、一双绣花袜子和一对枕头，现在一般给一双皮鞋和一套衣服，撒拉语称“嫂吉稳拉”，在撒拉语中，“嫂吉”是媒人的代称，“稳拉”可能是当地汉语方言音转，含义是安置，在这里指的是感谢媒人。

第三节　肃穆俭朴的丧葬仪式

一、葬礼过程

探视病人、探望故人是撒拉族人际交往中的优良传统。撒拉人认为，经常探望病人，或到坟地探望故人，为故人念经祈祷使得活着的人们存有畏惧心理，因此，当有人病重时，亲朋好友和村里人们都要带着茶、糖等礼物来探望。如果平时做了对不起别人的事，如背谈、造谣中伤、冤枉、欠账等，病人和探望之人要相互取得对方的口唤（即原谅对方）。病人若有未完成的礼拜、封斋等宗教功课，就要向安拉求饶，进行深刻的忏悔。临终时刻，病房内绝对禁止吵闹，除亲戚外，此时还有一个深晓伊斯兰教教义的人昼夜侍候在床边，时时提醒病人，使病人全神贯注地想念安拉。有的人家还请阿訇念诵《古兰经》“雅辛”章，祈求安拉原谅病人生前所犯罪孽。

人去世，被称作“口唤”或“无常”（经堂汉语），忌讳直接说“死了”。人去世后，要顺其手足，合口，瞑目，理发须，然后把遗体平平地放在尸床上，“埋体”（伊斯兰教徒将尸体称作埋体）上盖上苫单，面朝“克尔白”（沙特麦加天房）而仰卧，家人围着埋体哭泣。此时，该家孔木散长者要派人告知亡人远方亲戚，以及邻近村落的人们，并通知葬礼进行的时间、地点，请他们来参加葬礼。亲友一般带着砖茶和钱，到丧家吊唁。至丧家后，亲友都要痛哭缅怀亡人生前的各种美德，抒发对亡人的眷恋之情。

与此同时，村里年轻人义务在坟园中凿挖坟坑。过去，每个孔木散都有自己的公墓。现在，部分村里也有全村合用一个公墓的现象。坟坑大小因人而异，成年人的坟坑深约 2 米，小孩的则浅一些，长度比亡人身长略长，宽约 0.8 米。坟坑方向为南北方向，在底部向西要挖一偏洞，为放置亡人遗体的地方。撒拉人认为，挖坟坑是一种善行，坟坑挖得多，积累的功德越多。

早在清乾隆后期，龚景瀚在《循化志》中对撒拉族的丧礼也做了比较相近的描述："丧礼，父母死，大小男妇哭泣，置尸木床上，东西向，不向南北。即日浴尸，裸其身，以三布单，红花潮脑，自下而上裹之，束以布条，入木匣，抬至坟湱，一直坑又斜湱入内，谓之穿堂，开匣解布条，将尸侧身置穿堂内地上，开头上布单，露其面。以土坯塞门，外填土，其土起坟。掌教诵经先散，亲房尊长仍留一人念经。此一人为其家中所请者，每日三次至坟诵经，凡四十日乃止。家中逢七日请众人诵经，食油香宰羊，孝服白布，长大如道袍，腰系白布，鞋亦以白布幔之，至四十日满，族戚本日来吊，富者皆以白布散给，又以钱散贫人，送奠仪者，皆折半与之钱，以代酒食。"随着撒拉族社会进入现代，尤其是伊赫瓦尼教派传播到撒拉族社会后，逐渐取缔了丧礼中的汉族风俗，"孝服白布"等风俗再也不存在了。

把亡人从家中抬出去之前，由宗教品位高的人给亡人洗浴身体。洗浴时要从头到脚、从右到左洗，遮羞体，裹白布（从膝盖至肚脐眼），全部过程要在一块白色布单底下进行。待洗净擦干后，要撒以红花或麝香，再用白布裹住其身，这种白布被称为"克凡"。成人的"克凡"布需三丈左右，男性的要做成三件，女性的要做成五件。里件背

心较小，要露出手臂，套头，露出膝盖；中层由颧底（下巴底）至脚踝，除头、脚外不露出其余部分；外层要包裹全身，女的另有盖头、腰带。“克凡”穿毕，将亡人置放于专门的遗体木匣内，上面用一线毯盖住，由十几个年轻人抬至清真寺或坟地，举行殡礼。抬遗体出门时，先出头后出脚，殡礼不能在正午或日落以后进行，一般在伊斯兰教的晌礼、晡礼时间举行。人死以后，一般都要速葬，当天去世就要当天埋葬。若直系亲属如子女出门在外，无法当天赶回来，可适当等候，但一般不超过两天。

埋葬亡人时，要转“菲提勒”。“菲提勒”就是用手巾包起来的施散给众人的一包钱。伊斯兰教规定，男到 12 岁，女到 9 岁，便算成人，要履行主命。从这个时间算起，直到去世，期间所未能完成的主命，必须交罚款。如缺一番礼拜，得交三斤六两小麦。若一男人 50 岁去世，按 38 年内所缺主命次数受到罚款，罚款要施散给贫穷之人或阿訇等宗教品行高尚的人。若付不起全部罚款，可将一年的罚款用布包起来，在坟园里给围坐一圈的品德高尚之人施散。其方法是：亡人家属将一包钱诚心诚意地送给一个人，该受钱人也诚心接受，然后又诚心回送给亡人家属，如此从一人手中转到另一人手中，一直转给 38 人。如果转“菲提勒”时，某受钱之人将钱不再送还给亡人家属，该家属也不能索要，因为钱是真心送的。但这仅仅是想象中的事情，在撒拉族地区从未听说有此类事情发生过。像没有封斋、有能力而在古尔邦节不宰牲的人等也要交罚款，其方法一样，只不过罚款数额有所不同而已。也有的人以《古兰经》代替钱来转“菲提勒”，他们认为《古兰经》是无价的，能抵任何数额的罚款。转完“菲提勒”后，要做殡礼，参加殡礼的是全村的男性，富有者还邀请邻村男性，甚至其他“工”里的男性。参加殡礼的人要排队，面对亡人做两番礼拜，前面由阿訇领拜。

殡礼结束后，开始埋亡人，两三个品行高的人进入坟坑中，把用白布裹好的亡人放进偏洞，亡人头朝北，脚朝南，脸朝西，再用土坯封住偏洞口，待里边的人上来后，周围的年轻人迅速填土，最后堆成一个坟包。之后，阿訇开始念古兰经。其意在于：填坟时有两位天仙向亡人询问有关宗教知识及其平生所干善恶，所以阿訇念经祈祷真主能饶恕亡人的罪孽，并有助于亡人顺利地回答问题。由于教派不同，有些地区只由一人念经，而有些地区则由三十人念经。而且念的时间也不一样，有些人认为念经时所有的人都必须静听，以示对《古兰经》的敬畏，所以填完土以后才念经；而有些地区边填边念。

葬礼活动　（马建新摄）

二、纪念活动

亡人去世后的一两天内，在亡人家里一般不烧火做饭，尤其是亡人去世的房间三天内不能以饭食待客，自家人也不能外出做客。当亡人家属沉浸在巨大悲痛中的时候，其孔木散和阿格乃轮流将饭食送来，并且他们自动来到亡人家里，帮助砍树、劈柴、捣小麦，安置大锅，宰羊煮肉等，替亡人家属准备善后工作，减轻亡人家属的负担和悲痛。

在亡者家中，同一阿格乃或孔木散中有威望的人开始替丧家筹办丧事。若是父母亲去世，外嫁女儿要在三日内送来300斤左右的粮食和一只羊。若女儿较多，还轮流在亡人去世的头七、二七、三七之日煮麦仁饭，宴请村里人。若无女儿，则由儿子来承担此项费用。埋葬时，施散给葬礼参加者的钱物都由儿子承担，若儿子较多，可分摊费用。现在中等条件的家庭，这种费用一般为两三万元。

埋葬亡人后的第三天，亡人家里煮好麦仁饭，炸好油香，一般在晨礼结束后，把清真寺里做礼拜的人都请到家里吃饭，意在用这种方式“搭救”亡人，祈求真主能减轻对亡人的惩罚。由于教派的不同，部分撒拉族人吃完以后要诵经祈祷。这种请客活动一般会持续二十多天，甚至四十天。待客饭食多为油香、包子、碎饭、碗菜、大米稀饭等。在亡人去世后的第三天，之后的第七天（称头七），再后的第七天（称二七），再后的第七天（称三七），以及去世后的第四十天、第一百天、周年都要煮麦仁饭，请全村人来吃。这种麦仁饭的做法是：先将小麦用杵臼捣去麸皮，然后把切碎的牛羊肉、杂碎及豌豆等一齐放入大锅中煮熟，再撒少许面粉，并调放盐、花椒，一锅醇香可口的麦仁饭就煮好了。然后，由十几个男孩子或上至村里最高处，或在村中每条巷道边走边高声喊叫众人快来吃麦仁饭，喊叫时有几句简单的词，且有固定的音调，其内容大致为：村里的男女老幼们，请带你们的碗、勺子等用具，赶快来吃麦仁饭。听到叫喊，人们便纷纷到亡人家来吃麦仁饭，吃饱以后，还给每人送一块肉份子，有的还送油香。对远房亲戚和村里不能来吃的人，都要送去麦仁饭、肉份子和油香。尤其必须把这些东西送到那些在埋葬亡人的当天送来钱物的亲戚家中。

众人接到这些东西后，便又带着钱物来“宽心”，男子一般带茯茶和钱，数目多少，随来人同亡人之家关系远近而不同，妇女一般带面粉、青油。他们来到丧家安慰亡人家属，劝他们节哀，保重身体，生死皆由真主定夺，过分地悲哀会惹恼真主等。亡人家里要准备油香、糖包子、菜包子、碗菜、米饭等，供客人食用。

人去世以后，其生前所用之物，包括衣服被褥、汤瓶、拜毡等都要施散给人。死者若为男性，一般送给舅舅；若为女性，一般将大部分遗物送给娘家，少部分送给舅舅。也有的人将这些遗物送给阿訇或宗教品行好的穷人，希望他们用亡人东西多干好事，如做礼拜、封斋等，也希望亡人能从中受益。

埋掉亡人后，男性家属一般每天清晨要去坟园念经。进坟园后，要道“赛俩木”，然后蹲在亡人坟前，念《古兰经》中的“亚辛”、“特包热”等有关章节，祈求亡人生前罪行能够被真主饶恕。这种诵经刚开始每天去五次，然后逐渐减少次数，但总的时间会持续三四个月，甚至半年左右。以后，改为每个星期五清晨去诵经。

关于坟墓，撒拉人多不做人工装饰，个别因其教派不同而有所装饰，尤其是对其教主的坟墓更是修建拱北，装饰华丽。如果坟坑上方自然长出青草树木，则被认为是吉祥现象，他们认为这些生物也会感赞真主，而其部分功德会归属于亡人，所以撒拉人禁止砍伐坟园里的树木。而且坟园是亡人安息的地方，所以务必要保持干净整洁，坟园里不许说笑，更不许大小便，若没有洗澡净身，不能随便进入坟园。

撒拉人如在星期五、开斋节或古尔邦节等时间去世，被撒拉族认为是非常有福气的事情，因为这些日子都是吉祥的日子。若婴儿刚出生就去世，人们认为他不会受到任何惩罚，其母亲去世后该婴儿可替母亲减免一些罪行。如果母亲和婴儿同时去世，一般把婴儿放在母亲的怀里合葬。过去也曾有过两个成人合葬于一个坟坑内的现象，即在坟坑内东西两边各挖一个偏洞埋葬。

第四节　绚丽多彩的民族服饰

一、《阿丽玛》与《乌绪儿莽乌绪儿》

撒拉族服饰有着悠久的历史，但经过时代的变迁，撒拉族的服饰也发生了许多变化。由于撒拉族文化所具有的中亚突厥文化和伊斯兰文化等多元文化的特点，其服饰也渗透着多元文化的色彩。这种绚丽多彩的服饰，体现了撒拉族人民对生活的无限热爱和对美丽的不懈追求。民歌《阿丽玛》这样描写撒拉族妇女的服饰：

阿丽玛
撒哩（呀）撒开是——阿丽玛撒拉婆
头上（呀）戴的是——阿丽玛黑粗布
身上（呀）穿的是——阿丽玛红粗布
脚上（呀）穿的是——阿丽玛阿拉鞋
哎——才像个撒拉婆呀，奥斯

这里的“婆”只是当地汉语方言，其实并无贬义。这首民歌是对撒拉族妇女服饰较为完整的描写。对于男子服装，有一首名为《乌绪儿莽乌绪儿》（撒拉语意即看呀，看着我）的民歌中是这样演唱的：（在演唱的同时伴有简单的表演）

乌绪儿的莽乌绪儿呀
大呀小儿咳吆
买呀买一个官帽者

头呀儿上戴呀
官帽儿的尕大呀
头呀儿上戴呀
买呀买一个衫子者
身呀儿上穿呀
衫子的长短呀
身呀儿上穿呀
买呀买一个纽子者
身呀儿上沾呀
纽子的尕大呀
身呀儿上沾呀
买呀买一个腰带者
腰呀儿上系呀
腰带儿的长短呀
腰呀儿系呀
买呀买一个鞋袜者
脚呀儿上穿呀

这首歌中的官帽、衫子、纽子、腰带是撒拉族男子心目中的理想服饰。因此，穿着一新、潇洒英俊的小伙子们，面对着所喜欢的人演唱“乌绪儿莽乌绪儿”，感觉非常自豪。

二、盖头与帽子

过去撒拉族妇女头戴“包头”，此处的黑粗布可能指当时包头的面料，因为20世纪的二三十年代，撒拉族的服装面料多为麻布和褐布。之后盖头在撒拉族妇女中流行开来，并取代了包头。盖头由质地柔软

的沙绒、乔其纱、条绒、丝绒或其他面料制成，状似面罩。妇女戴在头上，遮住额、耳、头发、脖颈部分，只露出面庞。因为伊斯兰教认为，妇女除五官和手外，其余身体部位皆为羞体，不能暴露。盖头颜色分为白、黑、绿三种，一般老年妇女戴白色盖头，中年妇女戴黑色盖头，年轻妇女则戴绿色盖头，有些姑娘也戴绿色盖头。盖头的颜色显示了撒拉族妇女的审美追求，白色象征着圣洁无瑕、朴素自然，黑色象征着成稳持重、练达成熟，绿色象征着欣欣向荣、朝气蓬勃。

过去六角帽在男子当中非常盛行，由于颜色为黑色，不同于回族，所以撒拉族也被其他民族称为“黑帽回”。现在人们多戴无帽檐的圆顶白帽子，年轻人还戴汉族的罩罩帽，即有檐的现代帽子。在做礼拜时老人及宗教人员多戴“达斯达尔”，这是一条长方形的薄面料，折叠成长一米左右宽十公分左右，然后缠在头上，色彩大多为黑色、白色或灰色。

三、服饰与饰物

“身上穿的是红粗布”仅说明其颜色，并未说明服饰的种类。撒拉族妇女孩子喜欢身穿“夹夹”，即坎肩儿。坎肩儿有长短之分，其基本样子为无袖无领。短夹又有单棉之分，单夹一般为双层棉布，如同现在的马甲，有的夹面为连缀而成的三角布。棉夹在两层棉布间夹以棉絮，或以羊皮（羔皮）作里子。扣子或为子母扣，或为普通扣子，或为自己缝制的盘扣。长夹夹为大襟，长至膝盖，缝丝金贴边。撒拉族男女都穿夹夹，但色彩有所不同，男子多穿黑色，而女子多穿红绿颜色，且多绣有花案。

在夹夹之下，人们多穿衬衣。过去衬衣多为大襟、立领，有的还在袖口镶有丝金，现已穿大众化的市面上销售的各式衬衣。在衬衣上面还系围肚，在围肚表面常常绣有精美花卉图案，如牡丹、荷花、菊花等，此物除装饰作用外，还可以在围肚中装硬币等其他实物。

撒拉族还穿皮袄和称为“恰木基”和“冬”的衣服。皮袄是用羊皮制成的男子大襟衣服，长至膝盖或脚面，羊毛朝里用于暖身，衣面呈白色，皮袄若以羊羔皮做便是上等品。在皮袄上面缝丝绒等布，则称“厄西麦合”。“冬”是一种类似于旗袍的长衣服，分单棉，男女都穿，其样式与皮袄一样。“恰木基”为一种单长衫子，男女都穿。

“巴达合”为棉中袄，是一种扣子在右边的大襟衣服，里夹棉花。在穿大襟衣服时，一般都戴腰带，其颜色多为红黄等。穿大襟长衣服除了美观大方和保暖之用外，也跟伊斯兰教有关。

穿长衫做礼拜被视为伊斯兰教的一种圣行。撒拉族的宗教礼服，要求男女均穿长袍或长衫，男子头戴达斯达尔，衣服色彩大多为黑色、白色或灰色，忌讳穿红色、黄色及花里胡哨的衣服。日常服饰崇尚方便、宽松、自然、大方。

现在结婚时，撒拉族新娘多穿色彩鲜艳的旗袍。一到冬天，正是撒拉族举行婚礼的时节，那时，若去循化就会发现身着五彩缤纷旗袍的新娘们构成了苍凉冬日里一道靓丽的风景。撒拉族妇女穿的旗袍比一般的旗袍要宽大，撒拉族忌讳妇女穿着窄瘦的衣服。目前男子已不穿开口在右臂下的大襟衣服，而穿开口在前面正中的“中拜”（相当于风衣）或各式单棉大衣。裤子也有单棉之分，后来慢慢出现了裤头、线裤、绒裤等各式裤子。

至于婴儿，一出生撒拉人就给他穿上一件白色衬衣。这种衣服，非常简单，既无纽扣，又没有袖领，和埋葬亡人时所用的“卡凡”（裹尸布）一样，意味着清白圣洁地来到了人间。婴儿稍大后，就换上连脚裤，用一条细带扎住脚踝，以免受凉患病。会走路时，男女的服装开始有别，女孩穿戴花服扎辫子。有些人家在孩子脖颈上挂一块三角形白布护符，里面装进避邪驱鬼的经文，撒拉语叫“图木尔”。

撒拉族是一个酷爱美的民族，其饰物可谓是种类繁多、异彩纷呈。根据伊斯兰教的规定，撒拉族男性不主张穿金戴银，过去主要有腰刀及腰带、绣花袜跟、袜底，除此之外，在皮袍下沿和袖口饰以方形和几何形图案。女性饰物有金银耳环、耳坠、戒指、手镯、项链、针线包和手袋等，《循化志》卷七《风俗》记载，“新妇耳戴大耳环，如钩，或重至一两，头上戴银花及银冠子”，银花是将碎银片缀在“包头”上，行走时随着“包头”巾的飘动银光闪闪，宛如蓝色天空中的星星，煞是好看。妇女的针线包和手袋上，绣有各种花卉及鸟类，充分显示出了撒拉族妇女的绣花功夫。

四、鞋袜

“脚上（呀）穿的是——阿丽玛阿拉鞋”中“阿拉鞋”指的是年轻妇女们所穿的绣花鞋，亦称“姑姑鞋”，其鞋面、鞋帮都绣有花卉图案，鞋尖翘起，形状似钩，鞋尖以丝穗点缀，鞋底有厚薄两种，皆用细绳密纳，这种鞋主要为妇女所穿，盛行于清末民初，式样美观，穿起来舒适，走路平稳轻巧，深受撒拉族妇女的青睐。

“洛提”鞋　（马伟摄）

男子过去还穿一种自制皮鞋，称为“洛提”，由牛皮缝制而成，其形状如船，有结实防潮的特点。撒拉族男女都爱穿绣花袜子，这种袜子的底面和袜跟都绣有各种精美花鸟图案。过去撒拉族结婚时，新娘在出嫁前要给新郎家里的所有成员都做一双棉袜，作为新娘的礼物，同时也向参加婚礼的人显示新娘的针线手艺。

此外，撒拉族老人还穿称为“麦萨”的皮袜子，其形似一般袜子，但厚实质优。它的用途并非一般意义上的脚穿，而有宗教用途。伊斯兰教规定，成年人每天须做五次礼拜，每次都要洗小净（除非小净不坏，即没有大小便、出血等），其中最后一动作为洗双脚。由于脱鞋、脱袜子、洗脚，再穿袜子和鞋较费时费力，尤其老年人较吃力，因此，经常做礼拜的人，遵循圣行而穿皮袜子。据传穆罕默德圣人曾穿皮袜子做过礼拜。在家里，若穿皮袜子，一天一夜可以只洗一次脚，若外出，三天三夜洗一次就行了。对经常做礼拜的人来说，这无疑减轻了许多麻烦，因此这种皮袜深受人们尤其是老人的喜爱。

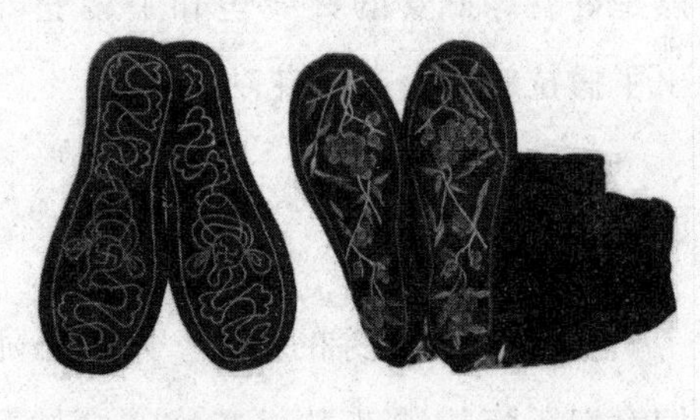
绣花袜子　（邵维善摄）

五、多元的服饰文化

值得一提的是，根据现在的一些服饰来看，周围藏、汉民族的服饰文化对撒拉族的影响很大，撒拉族的皮袄、胸针、耳坠、腰刀等装饰品与藏族颇为相似，皮袄款式上可分为长、短式皮袄，长皮袄长及脚面，既宽又大，一般为右衽，制作时需要十来张羊皮，穿着时腰间以红、黑色布带系之。短式皮袄也是大襟，长及臀部，腰系布带，一

般在冬季劳作时穿着。腰刀为成年男子所佩带。胸针和耳坠为妇女装饰物，多以银子为料，循化县积石镇大别列村一带迄今保留着这种装饰风俗。大凡新娘出嫁时必须佩戴胸针及“滚子”，颇似蒙藏妇女之装饰。20 世纪 20 年代以前的撒拉族妇女的包头巾与周围藏族的并无二致，“盖头”出现以后，此风淘汰。藏族服饰对撒拉族的影响由此可见一斑。汉族服饰的影响也是很大的，前述《循化志》卷七《风俗》中对撒拉族丧葬服饰的描述俨然是汉族的特征。而历史上撒拉族服饰的面料、款式、制作方式都仿照汉族，尤其是现代以来的“中山装”，因其端庄、严谨、方正的特征而颇受撒拉族人民的喜爱，时至今日，它一直是撒拉族中老年男子颇为看中的服装。

六、刺绣

绣花水平的高低对撒拉族妇女很重要，因为容貌、锅灶、绣花是撒拉族少女出嫁的标准，尤其是婚礼上“摆针线”时，女方将精心绣制的枕套、鞋袜全部摆出，由新娘的母亲亲自奉送给男方的亲戚。人们会对其绣制品品评一番，而精制的刺绣品往往会得到众人的喝彩，技艺娴熟、心灵手巧的女孩才会得到婆家的认可与赏识。

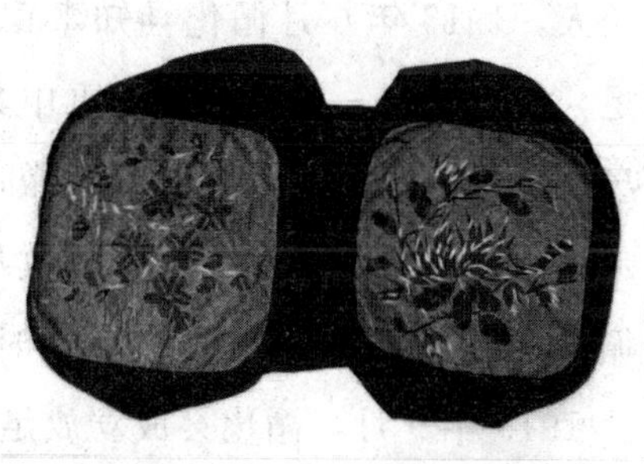

绣花枕头 （邵维善摄）

七、天足

根据史书记载或民间口碑传说，撒拉族妇女不缠足。古线装本《循化志》记载了流传在河州、循化一带的一首民歌，很能说明问题：

打儿架牙豁里过来了，
撒拉的艳姑哈见了，
撒拉的艳姑是好艳姑，
脚大（嘛）手大者坏了，
脚大（嘛）手大（是）你不谈嫌，
走两步大路（是）干散。

这首歌似乎是两个人对唱的，其中，前四句是一个人唱的，后两句由另一人所唱。从歌词内容来看，撒拉族妇女是不缠足的，纯粹是天足，走起路来既无跌跌撞撞之苦，又无忸忸怩怩之态，而是很“干散”（青海汉语方言，漂亮、利落之意）。另据档案史料表明，1912年11月16日，循化厅职员及县属高等小学堂教员和学生奉饬剪辫者30余人，1915年6月循化县知事重申“剪发放足”令，令曰：“剪发放足，部章规定，莅奉省饬，重申禁令，长辫垂垂，违法不训，尕脚袅袅，步履难行，自来天足，番撒可敬，恶习不悛，汉回可憎。本县出示，晓谕百姓，男发女足，剪放尽净，个人便利，莫此为甚，倘在瞻循，定行究惩。”由此可见，当时缠足者唯县城和起台堡之汉、回民。至1919年9月，循化县成立放足会，设于高等小学堂，劝学所长马殿魁任会长，他开会演说，号召全县妇女姐妹已缠足者尽快放足，未缠足者奉劝其不缠足。一直到1925年：“查循化各地尚有蓄留发辫者累累垂肩者甚多。”县府又布告民众，三令五申，“务须恪遵国体，蓄有发辫者即行剪除，若敢违守旧，擒获到案，定以法律相绳之”。至此，蓄辫缠足者在循化才算根绝。

八、服饰的变迁

20世纪以来，随着社会历史的发展，撒拉族的服饰民俗有了很大

的变化。20世纪二三十年代，伊斯兰教伊赫瓦尼派在循化地区得到了广泛传播，他们提出“遵经革俗”的主张，其中就有革除不符合伊斯兰教教规的服饰的内容，随之保留在撒拉族的汉族丧服被摈弃，“包头”变成了现时的“盖头”，甚至于在服装色彩的选择上都做了严格的规定。男子不允许穿戴黄色、红色衣帽，以区别于藏传佛教的黄教徒和红教徒，男子黑、白、灰、蓝色开始成为最主要的颜色。

20世纪70年代以前，撒拉族男女的冬季服装（撒拉语称克西勒合）主要有掩儿登（皮袄）、厄西麦合（棉袍）、巴达合（棉衣）、棉坎肩儿、棉裤，头戴达斯达尔（缠头巾，一种在礼拜时缠在头上的长巾，有白、黑、黄等颜色）。夏季服装（撒拉语称亦勒合）有“冬”（大襟长衫，肩上两个纽扣、腋下三个纽扣）、大襟汗塌儿、黑色坎肩儿、大裆单裤、白顶帽、单布鞋、腰系红绫布带。上衣下裳崇尚宽松自然，忌讳窄瘦衣服。女子冬季服装有厄西麦合、羔皮坎肩儿、棉裤和棉布鞋，夏季服装有各色汗塌儿、单层坎肩儿、单裤、单绣花鞋，腰间挂比孜米里合（针线包或荷包）。至于盖头则无夏冬之分。

20世纪80年代以来，撒拉族的服饰习俗发生了翻天覆地的变化，面料高档，色彩繁多，款式新颖，合体入时且做工精细。男子穿了数十代的皮袄棉袍均已淘汰，取而代之的是时尚的皮夹克、羽绒服，自制的皮靴早已消失，代之以各种新式皮鞋，上衣基本上是制服，即便是白顶帽制作上也讲究精细，衣服款式上讲究合体协调，中青年男子一律以西服、夹克衫、休闲服取代了过去的服装，女子服装的花色品种更趋多样化，款式时髦却又不失庄重严谨，唯“盖头”依然保持着撒拉族妇女的风韵，近百年来没有多大的变化，20世纪末在职业妇女中流行了一段时间的纺织女工帽也悄然退隐。改革开放以来随着国门的打开，一部分人从阿拉伯地区引进来的长纱巾开始流行。从服饰民俗的变化，我们不难发现，撒拉族既是一个保守封闭的民族，同时也是一个开放的民族，撒拉族在走向现代化的进程中，最明显地表现在衣食住行等消费生活方式上。

随着时代的变迁，撒拉人的衣饰发生了很大的变化。从撒拉族民歌《阿里玛》、《依秀儿玛秀儿》、《河州事变歌》中，可以窥见这个民族的服饰本来完全是中亚游牧民的风格，男子头戴卷檐羔皮帽，脚蹬半腰靴子，身着拾木夹（类似维吾尔族的袷袢），女子头戴青梭布。而今撒拉人的穿戴却是另一番款式：男子身穿白汗褡、青夹夹，头顶黑、白色圆帽，老年人多穿长衫，撒拉语叫“冬”（don），头缠“达斯达尔”（头巾），女子头戴“盖头”（老人白色，中年黑色，青年绿色），盖头有乔其纱的，有鸭绒的。青年妇女喜欢穿颜色艳丽的大襟衣服，上面套件黑坎肩，更喜欢佩戴金银耳环、戒指和手镯，脚穿绣花鞋。部分妇女还在额头、手背刺上蓝色梅花斑，指甲染上“海那”（指甲油），斜襟纽扣上系个绣了花的针线荷包。显然，这些多是效仿了邻近的民族，主要还是回族的生活习惯。因为自明洪武三年（1370 年）撒拉族神宝、土司受明朝左副将军邓愈的诏谕，归附明朝后，撒拉族聚居的循化，一直隶属于河州知府的管辖。撒拉族人民与河州回族人民的关系日趋密切，甚至有不少回族与撒拉族攀缘结亲。因而，撒拉族在政治、经济、文化、习俗等各方面无不受河州回族人民的影响，连撒拉人所操的汉语，都与河州汉语方言如出一辙。

第五节　文学艺术

一、语言与文字

经过国内外语言学家的调查研究，发现撒拉语与周围的汉藏等民族的语言在语音、词汇、语法方面有着明显的不同，而与中亚一带的

突厥语有着许多共同的特点，撒拉族人可以和土耳其人、土库曼人、乌兹别克人、维吾尔人、哈萨克人等进行简单的交流，因为这些语言的基本词汇和语法是一样的。语言学家把撒拉语都归入阿尔泰语系突厥语族西匈语支乌古斯语组。这种语言仅为我国所有。撒拉语除保存八个基本元音外，较普遍地存在着清化的变体；由于受到汉语借词的影响，增加了一些复合元音；元音和谐以部位和谐为主。辅音中的塞音和塞擦音没有清浊的区别，只分吐气与不吐气。有唇齿清擦音 f。词汇方面：汉语借词多于同语族的其他语言；阿拉伯、波斯语借词多为伊斯兰教术语；由于撒拉族和藏族、蒙古族、土族、保安族等有交往，其语言中也吸收了这些民族语言的词汇。撒拉语内部较为一致，没有方言差别，一般只分街子土语和孟达土语两种，或者分为街子土语、清水土语和孟达土语三种。

关于文字，一般人都认为撒拉族没有自己的文字，而使用汉字。实际上这种看法是不正确的，因为除使用汉文外，在历史上撒拉族曾使用过一种文字，叫“土尔克”文，这是一种以阿拉伯、波斯文字母为基础的文字，实际上是中亚和新疆地区各突厥语民族所共同使用的“察合台文”，由 32 个字母和 9 个主要变音符号组成。根据现有材料来看，至 19 世纪时，土尔克—撒拉文不仅用于宗教方面注释经文，翻译经典，而且已经成为社会通信、书写契约、纪事立传、著书立说的应用文而被一部分撒拉族群众所掌握。至今，在撒拉族民间还保存着不少用这种文字书写的有关历史、文字、宗教等方面的文献，部分宗教人员还通晓此种文字。对于这一点，著名学者杨涤新先生在早 1945 年就已指出：“撒拉人之能写读其本族文字者，为数已少，此次笔者在街子大寺中，曾见该族之文献资料，其中包括有《撒拉族志》一部（写于清道光年间），神话故事一部，诗歌两部，天经注解一部，皆为撒拉文所写，书法精缎，保存亦完全，其字体亦与阿拉伯字母大同小异，此数部书籍虽少，足以证明撒拉人为有文字、有文化之民族。”

此外，在宗教方面撒拉族还使用阿拉伯文和波斯文。

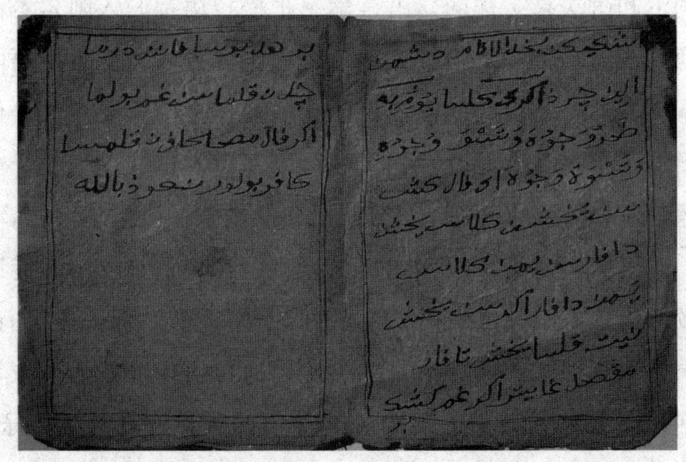

撒拉族“土尔克文”　（马伟摄）

二、撒拉族花儿

“花儿”是青海各民族人民都喜闻乐见的用汉语演唱的一种艺术形式。由于在内容和演唱形式上具有自己的特色，撒拉族的“花儿”一般被称为“撒拉族花儿”。据学者研究，撒拉族“花儿”以羽、征、商调式较多，曲调优美，高亢嘹亮，自由奔放，引句、衬词、衬句较多，有些曲令引句较长，受到了藏族情歌“拉伊”的影响，同时也有一些伊斯兰宗教音乐的因素，演唱时，颤音较多。撒拉族“花儿”的曲调也称“令”，有孟达令、清水令、科哇令等按地方分类的，有按民族称呼的撒拉令，也有按衬词分的水红花令、干散令、大眼睛令等。其曲令也有大令和二令之分，大令音域宽，旋律起伏较大，如乾隆年间编修的《循化志》中记载的当时流行的一首“花儿”：

大力加牙壑里过来了，
撒拉的艳姑（哈）了，
撒拉的艳姑是好艳姑，
脚大么手大（者）坏了，
脚大、手大你嫑谈嫌，
走两步大路是干散。

这种大令唱词较少使用比兴手法，开门见山直截了当。这首“花儿”描述了封建社会里，撒拉族妇女无缠足的陋习，走路“干散”、矫健，无忸怩造作之态。二令，也称直令，其旋律较为平直，同音重复较多，具有易唱、易学、易记等特点。撒拉族“花儿”的歌词一般为四句、六句，也常有半阕为两句半称“折断腰”的。演唱形式有独唱、对唱、联唱等。唱词中多夹有撒拉语，即“风搅雪”现象，形成了和其他民族“花儿”的鲜明区别。

大石头根里的净清水，
“买尼个艳开尼”（我的尕妹），
不如（个）大河的浑水；
葡萄碗里的冰糖水，
“乙热亥尼牙格”（心上的油呀），
不如（个）尕妹的涎水。

“花儿”的内容以表达爱情为主。

街子上有一棵歇凉的树，
头抬（者）看，

还有个喜鹊的窝哩；
进去个大门往炕上看，
轻轻（者）走，
白牡丹睡着（者）哩。
上去（者）高山望平川，
平川里有一朵牡丹；
看上去容易（者）摘起来难，
摘不到手里是枉然。

在过去苦难的社会里，“花儿”成了劳动人民控诉黑暗统治的有力武器，他们将心头的愤懑之情用朴实无华的语言酣畅淋漓地表现出来，听来让人潸然泪下。

马步芳修（哈）的乐家湾，
拔走了我心中的少年；
淌（哈）的眼泪和成面，
给阿哥烙（哈）个盘缠。

新中国成立之后，这朵美丽的民间艺术之花更加绚丽多彩，被重新赋予了新的内容和活力，人们又用这一令人喜爱的艺术形式表达着对新生活的热爱，即兴创作了许多脍炙人口的“花儿”。

三炮台碗子里泡冰糖，
桂圆儿漂，
新盖的大房里住上；
坐在沙发上看电视，

有空时浪一趟苏杭。

三、美丽的“玉儿”

“玉儿”，原为突厥语，意为诗歌，后专指情歌。这是用撒拉语演唱的抒情民歌，内容多表现青年男女对爱情的追求和对美满幸福生活的向往。歌词多为中长篇抒情诗，旋律带有说唱性特点，与周围各民族演唱的民歌差别较大，别具特色，被认为是撒拉族先民从中亚带过来的地地道道的撒拉族民歌。从其手法来看，“玉儿”大量运用比兴手法，借物喻情，借物喻人，借物咏志。从格律上说，其曲调较自由，每组短诗的句式比较固定，以四句、六句、八句较多，节奏短促而明快，旋律奔放而激越，尾音悠长，易于抒情，如“巴西古溜溜”是一首流传较广，影响较大，为撒拉族人民所熟悉的“玉儿”，它通过男女间的对唱形式，抒发了炽热浓烈的感情。

男：

皇上阿吾尼，
吹着竹笛儿，
笛好节难变。
你这个艳姑呀，
身材像竹子，
生来就好看！
皇上阿吾尼，
骏马的黑尾巴，
绣球挽后边。
你这个艳姑呀，

蓬松的发辫儿，
天生的一溜烟！

女：

巴西古溜溜，
圆帽来陪衬；
腰儿细溜溜，
绸带来陪衬；
腿儿细溜溜，
裹腿来陪衬；
你这个阿哥呀，
尕妹来陪衬。
热心的阿哥呀，
你若听得来，
话出我心里，
你若听不来，
话出我舌尖。

过去，“花儿”、“玉儿”等情歌是在田间山林里演唱，尤其是春天拔草时节，和着鸟语花香，甜美的歌曲也似长了翅膀，飞旋在痴男怨妇之间，传递着爱情的信息。但在村子里，这种情歌却被禁止演唱，正如有首“花儿”中唱道：

撒拉八工的外五工，
各庄里有头人哩。
庄子里到了唱不得，
老汉们听见是骂哩。

而今，虽然缺少了田间山林“花儿”、“玉儿”满天飞的热烈场面，但有关部门组织的“花儿会”在秀丽的孟达天池、滔滔的黄河岸边依然释放着人们心底的火热情感，抒发着人们对美好生活的执着追求。

四、口细

口细是用铜、银等制成的一种乐器，由两块一端相连的薄片组成，中间嵌一很薄的黄铜片，尖端稍稍弯曲，整个形状呈马蹄形，大口细长约二寸，小口细约一寸长短。弹奏时，将其噙入口中，以舌尖或手指拨细片，使其发声，并以口形变化和气量大小来调解音量及音程，吹起来缠绵悱恻，扣人心弦，但音量较小，音域也不太宽。撒拉族妇女特别喜欢吹奏口细，有一首民歌唱道：

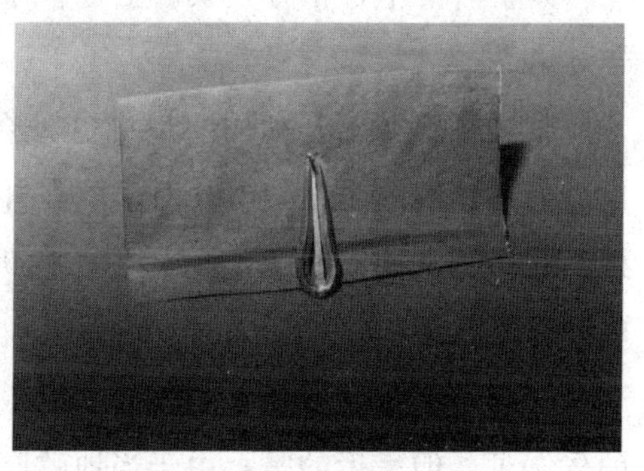

口细　（邵维善摄）

撒拉才西巴哥，
打制口细的人；
阿娜红花姑，
吹口细的人呀。
口细做得巧呀，
脉脉把情传；
口细弹得妙呀，
满天愁云散。
……

为什么撒拉族妇女对口细情有独钟呢？这儿有一个美丽的传说：

> 很早以前，先知穆罕默德的外孙哈三·胡赛尼在一次战役中不幸阵亡，其母哈其麦悲痛欲绝，昼夜恸哭不止。穆圣劝她说，人的生死由安拉定夺，活人过分地哭闹会恼怒安拉，哈其麦听了为父的劝导，便停止哭泣，改用口细抒发慈母伤子之情。这样，弹口细这项文娱活动就在禁锢甚严的伊斯兰民族妇女中，作为一项“圣行”保存了下来。

撒拉族妇女充分利用吹口细这种合法权宜，开展文娱活动，同时借以表达她们的爱情，寄托对出门在外的丈夫的思念。每至更深夜静，她们就三三两两聚在一起吹口细，倾诉她们的快乐与欢畅，表达她们的爱情与愿望。

如今，在撒拉族中口细逐渐失传，没有人再吹弹这种撒拉族传统的乐器了。但幸运的是，由于当地政府的努力和民族旅游经济的开发，人们逐渐意识到本民族传统文化的重要性，慢慢树立起保护和弘扬本民族传统文化的意识，口细作为撒拉族民族工艺品开始展现在大家的面前，口细音乐也让中外旅游观光者和学者们一饱耳福。

五、则高

除口细外，撒拉族还有一种乐器称“则高”，又叫泥箫，是用泥巴捏成两片半圆体粘在一起，在合缝口开一个吹孔，上边掏两个指头按音的小眼，晾干后即可吹奏。

六、民间文学中对猛兽猛禽的钟爱

在撒拉族民间文学中，对猛兽猛禽往往歌颂有加。撒拉族崇尚勇

武的性格在神话传说中被拟物化了，物象与人性融为一体。在突厥时代，他们也多咏赞猛兽猛禽——狼、虎、鹰等。狼在突厥人的心目中既是勇士的化身，又是善良美德的体现者，突厥的初世传说证明了这一点。在撒拉族民间故事《老虎》中，老虎和穷苦的少年阿吾结为兄弟，并抢走皇帝的女儿为阿吾成婚，当皇帝得知此事，要抓阿吾时，老虎唤来山中伙伴，吓走皇帝，其形象既勇猛而又善良。《猎人和老虎》中当猎人为民除害不幸被狐狸精用鞭子抽死时，老虎也是“四爪刨地，对着蓝光（狐狸精）吼了一声，比炸雷还响，震得山都抖动了一阵，吼声过后，蓝光消失了，从空中掉下来一只死狐狸。又吼了两声，被蓝光（狐狸精）抽死的驴、马、羊、牛都复活了，猎人也复活了”。这种力量与善良正是撒拉人对自我的摹写。在古老的口头文学“撒赫斯”（哭嫁歌）中，新娘希望给自己送亲的队伍像老虎一样，威风凛凛。“老虎般地进来了，狗般地出去了”。这类谚语也反映了撒拉人对老虎的某种偏爱。横空飞掠、威震苍穹的雄鹰也是撒拉族所歌颂的对象。谚语“上马时马鹞子，下马时马孝子”，赞颂的是雄武像鹰一样，善良像孝子的撒拉族男性，从中我们可窥见鹰在他们心目中的地位。神话故事《阿腾其根马生宝》中当马生宝落入深洞时，是一神鹰相助才得以脱离危险的。在先民乌古斯时代，鹰更是备受宠爱。乌古斯六子二十四部落几乎都以鹰隼为汪浑（相当于图腾）。所有这些猛禽猛兽都赋予了人的力量和勇气，并在口头传说中都被拟人化了，寄予着撒拉人（或其先民）的一种精神追求。

七、作家文学营造的“狼”意象

作为曾经信仰过“狼”的古代民族后裔——撒拉人意识到现代文明创造了财富，但人的精神却越来越小气，越来越缺乏阳刚之美。基于这种原因，他们把目光转向远古的祖先时代，通过对“狼”意象的营造，呼唤那种久远的雄性美、剽悍美。

《秋夫诗九首·黑狼》写道：

“黎明衬出山岗黝黑的阴影
它欠着细腰和初日一起站起
张着的长嘴像刚施过刑的钢铡
霞光涂给它一身绚丽的晕……
它又在黎明的天际奔驰
它前弓后箭的身影
映进宇宙的逆光”

在秋夫的另一首诗《走向迷宫》中“狼”的意象也反复出现，他满怀激情地呼唤苍狼的雄威：

“这美丽之诱惑无可阻挡，以你的勇气
合沓
缔造并依造物者的模式
再版你
苍狼。”

马学功的《狼舞》也沉浸于同样的意境中①：

“悠远的狼嗥早已波及此岸
生命不息地嘶鸣的时刻
是庄严的时刻：一匹黑色的狼

① 马成俊．撒拉族作家文学两题．中国撒拉族，1994（2）．

这荒原黑色的精灵自大地边缘
飞跃着渐渐逼近
渐渐真实起来”

八、讴歌英雄主义

讴歌英雄主义是撒拉族民间传说的一个重要主题。在《苏四十三的传说》、《波列保考的传说》、《马牦牛的传说》、《高赛尔射莽的传说》、《阿腾其根马生宝》、《女英雄赛丽梅的传说》等中，表现的都是撒拉族自己的英雄，因而几百年来他们一直津津乐道地流传着这些传说故事。同时，由于和汉民族的交往，英雄主义主题的汉族小说《三国演义》、《薛刚反唐》、《杨家将》、《水浒传》、《东周列国志》、《隋唐演义》等在他们中间也广泛流传。尤其是《三国演义》、《水浒传》里的人物故事，对撒拉族影响较大，许多“花儿”都以其中的人物起兴。撒拉族人民还把那些唱这类“花儿”的人戏称为“三国先生”等。对藏族英雄史诗《格萨尔》，许多撒拉人也是非常熟悉，有的甚至能说出其中的许多故事情节。现代传媒普及以后，撒拉人最喜欢看的电影和电视剧是“战斗片”。笔者记得，20 世纪 70 年代县电影队在各村巡回放映的电影有《南征北战》、《地道战》、《地雷战》、《渡江侦察记》、《红日》等。

第六节　誓言与禁忌

一、神圣的誓言

当人们之间发生纠纷难以解决或为了使对方能确信自己的话语时，就往往以发誓的方法来判断裁决疑难，保证实现自己的诺言。撒拉族的发誓方法与内容有多种形式。在现代撒拉族社会中，有以自己的“伊麻尼”（信仰）、“若则”（斋）、“古兰”（古兰经）、“园古勒”（拱北名）等为发誓内容。

伊斯兰教在撒拉族社会中具有举足轻重的地位，也可以说伊斯兰教是撒拉族文化的核心部分，就个人而言，绝大部分撒拉人对宗教是非常虔诚的，因此对个人来说，对伊斯兰教的信仰“伊麻尼”是最为至贵的。一般情况下，人们不会以“伊麻尼”来发誓，但若遇重大事情难以说清时，就以自己的“伊麻尼”来确证自己语言的真实性。若以“伊麻尼”来确证谎言，那么人们认为该人的“伊麻尼”就归对方了。伊斯兰教认为，有“伊麻尼”（信仰）的人最终会进入天堂，没有“伊麻尼”的人将永久在地狱中受苦。

“若则”是“斋戒”的意思，是伊斯兰教五功（念、礼、斋、课、朝）中的第三功。恪守教规的人们对斋戒很重视，一年中要斋戒一个月，斋戒时，清晨天亮之前就要吃完饭，至晚上太阳落山后才能饮食，之间不能吃饭，不能饮水，不能吃任何食物，不能发生性关系等。斋戒时间是按伊斯兰教历确定的，并不是公历一年当中的一个固定月份，会在公历的任何一个月份出现，对居住在青海的撒拉族来说，当斋月为冬季时，斋戒时间就相对短一些，只有十二三个小时，但在夏季，斋戒时间长达十五六个小时，如此长的时间内不进饮食，对人体是一个严峻的考验，而且，撒拉族是一个农业民族，夏季正是一年四季中最忙碌的时期，也是最炎热的时期，在这样的时期封斋是对人体极限的考验，在这样的艰难困苦中所封的斋，其背后付出的汗水是难以想象的。若斋月期间无故不封斋，必须为一天补斋六十一天，而这一切都是为了完成宗教任务，因此，用自己所封斋的名义进行发誓，其行为是非常严肃的。

《古兰经》是伊斯兰教最重要的经典，是每一个穆斯林生活的出发

点和归宿点。撒拉族先民从中亚迁徙而来时，曾用骆驼带来了当时的一本《古兰经》，这本《古兰经》已成为撒拉族民族精神的象征，历经沧海桑田，撒拉族人民用鲜血和生命把它保存了下来，至今还珍藏在撒拉族的祖寺街子清真大寺中。即使对普通的《古兰经》，撒拉人也是非常珍重，读《古兰经》时必须要沐浴全身，当一人诵读时，在场的人都要静听，读完后要放到屋内较高的干净处，上面不能放其他东西，即使《古兰经》破碎后也不能随地乱扔，而要用火烧掉。因此当人们发生争执时，为了表明自己的清白，要手捧《古兰经》发誓，做亏心事的人一般不敢捧经发誓。另外，人们还用口头上以《古兰经》的名义发誓，这是一种以对《古兰经》的信仰程度为基础的发誓。

悬崖峭壁上的园古勒拱北 （马伟摄）

“园古勒”是撒拉族地区的一个拱北，位于拱北峡的悬崖峭壁上，此处地势险要，气势磅礴的黄河从园古勒拱北脚下奔腾而过，著名的拱北峡也由此而得名，到此地游览的人无不赞叹，在如此险要雄奇的地方，修建拱北真可谓是巧夺天工之举。撒拉人在发誓时，园古勒也是一个很重要的发誓内容，为什么撒拉族以此发誓呢？这儿还有个神秘的传说。

很久以前，在查汗都斯的古什群地方有个来吾滩，那儿水草丰美。有一天，一个藏族青年赶着羊群到这儿放牧，当他躺在草坡上望着那波涛汹涌的黄河时，忽然看见河面上有一匹英俊而高大的白马，前后双蹄分别踏着黄河南北两岸，马上有一位银须冉冉、头缠“达斯达尔”（穆斯林男子头巾）、身穿白色长衫的老人正弯腰用汤瓶舀水，当老人策马过河后，白马忽然消失了，老人提着汤瓶向前走来。这位藏族青年对眼前的情景惊奇不已，当老人从他身边经过时，便跟在他后面，走了一段时间，老人头也不回地说：“年轻人，你不要跟我，咱们不是一个教门里的人，还是各走各的吧！”但这位青年执意跟随，老人就转身对他说：“与其这样走冤枉路，还不如给我办点事，你去查汗都斯村子里，告诉村里的老人，说有个头缠达斯达尔身穿白色长衫的老人叫他们，可以吗？”青年看着自己的羊群有点为难，说自己可以去，但羊群怎么办呢？老人说：你放心去吧，你的羊群我替你看着。

当藏族青年跑到查汗都斯村庄并带领几个村里的年轻人来到来吾滩时，发现他的羊群安闲地在原来的草地上吃草，而四只白狼吐着长舌在羊群周围转悠，再看四周却根本没有白衣老人。人们感到非常惊奇，老人到哪儿去了呢？为什么羊群和狼在一起安然无恙呢？当他们走近羊群时，那几只狼又忽然不见了。

于是他们四处寻找那老人，找啊找，最后他们闻到一股沁人心脾的芳香，顺着香味他们来到了一个悬崖绝壁处，在壁上有一个洞口，悬崖下面浊浪滔天的黄河滚滚而过，他们不顾危险奋力爬了上去，进了石洞，依然不见老人踪迹。于是年轻人回到村里，向老人们讲述了事情的经过，人们都认

> 为这是贵人显迹，经过商量，在那儿修了一座八卦形的园古勒拱北。之后，有些信奉拱北的穆斯林常到那儿过忌日，进行念经祭祀活动，有的到那儿求儿要女，还有的在那儿静坐修身，祈祷安拉保佑。甚至人们传说，当人们顺着悬崖石缝爬上去的时候，若心不诚，石缝会夹住人而上不去。①

神奇的传说使园古勒拱北的名声越来越大，它成了撒拉族心目中一个非常神圣的地方，所以，人们为了显示其所说话语的真实性，往往用园古勒来起誓。

在街子乡马家村和三立房村的交界处，有一个清真寺的遗址，这就是撒拉族历史上有名的“尕拉”（Qarang）寺的遗址。这座清真寺之所以有名，是因为它神奇的传说：据说尕拉寺是撒拉族先祖尕勒莽一行人来到循化后，从撒马尔罕飞来的，所以人们认为这是一个圣寺，就在这儿举行重大的宗教活动，由于这座寺的由来至贵，撒拉人中间若发生争执无法解决时，就到这儿“吃咒发誓”。

二、生活的禁忌

撒拉族禁食猪肉和自死的动物肉，禁食驴、马、骡、狗、猫等动物肉，禁止饮血。宰杀动物时，必须要诵安拉之名宰杀，否则即使是牛羊等动物肉也不能食用。不能用猪同撒拉族开任何形式的玩笑，不能用他们的炊具来烧制猪肉及其他禁忌食品。请撒拉族吃饭，食品原料必须为清真原料，而且炊具也要清洗干净。撒拉族禁忌抽烟喝酒，不能向别人让烟让酒，别人也不能向他们让烟让酒，不能从事与烟酒有关的任何活动，如制造、买卖、运输等。到了他们家中别人不能抽

---

① 循化撒拉族自治县民间文学三套集成办公室编．民间故事第二辑（内部油印）．1991：37～39.

烟喝酒，斋月里，别人不能面对封斋的人抽烟喝酒，在清真寺或当他们进行宗教活动时，别人更不能在他们面前吸烟喝酒。吃饭时忌在碗里留下剩饭，忌讳用口咬食馒头等，而要用手掰开来吃。盛饭时忌用左手盛，忌从左方盛饭，而要从右方盛。禁忌践踏、浪费食物，食物掉到地上，若没有弄脏，要捡起来吃掉。进食时，禁忌不念“台思米”（即“我以普慈特慈的安拉之名”）经段而进食。禁忌挑剔食物，禁忌暴食，不能跨越食物、进食器具等。

撒拉族反对男扮女装或女扮男装，反对男子穿红、黄、绿色衣服，反对男子佩戴金银首饰，男子穿戴忌讳露出肚脐以下至膝盖以上部分，女子穿戴除了五官和手外禁忌露出其他任何部分，忌讳穿刻意追求突出曲线的服装。禁止已婚妇女披头散发，忌讳男子留长发和长指甲等。

撒拉族不崇拜偶像，因此家中忌挂任何人物和动物像，忌用人和动物像的被面、床单等用具，忌讳摆设人和动物雕像，忌讳家中吹口哨或唱歌。过去在野外唱“花儿”或“玉儿”（撒拉族情歌）是允许的，但禁忌在家中或村里唱此类歌曲，所以在“花儿”中有唱道：“庄子里到时唱不得，老汉们听见时骂哩。”

撒拉族禁止求神问卜、相面算命，严禁相信咒语咒术，遇有好事，忌过分高兴，遇有坏事，也不能怨天尤人，更忌对生活失去希望而产生自杀行为。撒拉族忌讳陌生男女单独相处，忌讳陌生男女间攀谈聊天。禁止离婚妇女或亡夫之妇女在百日内外嫁他人。发生丧事后，忌讳家人或亲属号啕大哭，忌穿孝服，忌送花圈、挽幛之类的东西，三天内，禁忌在丧屋招待客人，家人不准外出作客。

在语言方面，撒拉族的禁忌也颇多。为避免产生不洁思想，在长幼辈间、男女同处时，一些谈情说爱的词语也成为忌讳的对象，如“sΦjin”（爱、喜欢）一词，人们很少使用。生死衰老是生命过程的必经阶段，是正常的生理现象。但在语言交际过程中，人们避免赤裸裸

地将此类词说出来。在一般情况下使用“khuxən vumiʃ”（口唤了）、“vutɛhanŋ vumiʃ”（无常了）来表示死亡，而不说“ul”（死）。当犯法或因其他原因被枪决时，不说“vltər”（杀死），而用汉语和撒拉语的合璧词来表示“xɸjla”（弄坏）。而宰杀动物之后，不能说“死了”，只能说“tʃan tʃhəxmiʃ”（命出走了）。为避免难堪或产生误会，人们往往不直接陈说有关残疾词语，而用其他词语来代替。

第六章

撒拉族的经济生活

第一节　亦农亦牧的传统经济

传统的撒拉族社会以农为主，人们大多过着日出而作、日落而息的生活，全年的口粮和交往所需完全靠土地耕种所得。前已述及，撒拉族生活在黄河、清水河与街子河流域，长期以来，撒拉人在三条河沿岸开垦土地，种植粮食作物。但是，在过去生产工具极为落后的情况下，所开垦的土地都是小块土地，加之河岸地带没有大块的土地，所以经营的都是小块农业。自然，农业收成也是很少。据乾隆四十九年（1784 年）同知达桑阿禀称“循地土脉沙碱，不宜种植桑棉。至区田之法，循化多系山田，水地不及 1/3，渠水亦甚微细，俱难办理。”乾隆五十七年（1791 年）循化厅所属族、寨、工、屯共 94 处，种地 48 831 段，其中撒拉八工共 9657 段，约占 1/5。至 1934 年，全县可耕地 260 442 亩，占耕地面积的 60.89%。20 世纪 50 年代以后，大搞开荒，扩大耕地面积。至 1959 年，全县累计开荒 2 万亩，耕地比 1949 年增加 17%，人均耕地增加到 3.17 亩。1964 年至 1976 年，学习大寨精神，大搞农田基本建设，兴修水利，治河造田，扩大水浇地面积 2.1

万亩，使全县水浇地达到 7.5 万亩。1990 年年底，全县耕地面积为 13.69 万亩，其中水浇地 7.01 亩，人均耕地面积 1.51 亩。进入 21 世纪以后，由于国家实施退耕还林还草政策，一部分山田不再种植粮食，加之人口增长和城镇化的推进，撒拉族地区的可耕地面积急剧下降，人地矛盾愈加显著，致使形成倒逼机制。

水磨 （马建新摄）

由于撒拉族地区土地面积很小，尤其是可耕地较少，加之生产工具落后，生产方式简陋，粮食产量不多，所以，撒拉族历来就有从事畜牧业的传统。畜牧业作为农业的有益补充，一方面可以增加家庭收入，另一方面也解决了耕种土地的肥料问题，是一件两全其美的事情。撒拉族的畜牧业生产方式与周围道帏、尕楞、岗查、文都四个藏族乡的畜牧业生产方式有所不同，藏族乡除了岗查乡是纯畜牧业外，其他藏族乡皆为半农半牧，以牧为主。而撒拉族没有一个乡村是纯粹从事畜牧业生产的，都是以农为主，而畜牧业仅仅是对农业生产的一个补充。撒拉族村落基本在三条河的沿岸，其畜牧只是在周边有限的山上放牧，或在家庭里进行圈养，所以不可能形成大规模的畜牧养殖。撒拉族聚居的白庄镇、清水乡、积石镇、街子镇和查汗都斯镇各村落，在周边山上都有一定规模的草场面积，适合小规模畜牧业生产。但是，由于草场面积有限，草地类型和草种单一，承载量受到极大地限制，不适合大规模畜牧。撒拉族家庭的养殖一般是拥有数十只羊（包括山羊），几头牛或驴骡等用来作为农业生产的役使畜类，基本解决每个家庭农业生产所需肥料、节日肉食品需要和生产需要。

尽管撒拉族的畜牧业不是很发达，但是在长期的畜牧生产中，撒拉族也积累了一定的有关畜牧业的知识，包括饲养方式上的放养和圈养、牲畜的识别标志、肥料的储存、剪羊毛的季节、牛羊屠宰的方式、肉食品的切割和分类、肉食品的烹调、皮革的加工制作、牲畜的买卖规则等，形成了一套比较完备的知识体系，这是在长期的畜牧业生产中积累起来的历史传统。据波斯史学家拉施特的《史集》记载：撒拉族的先民乌古斯人早就擅长畜牧业，经营畜牧业生产，早在乌古斯可汗时代，为了不使自己过世后子孙们为了争夺羊群而分裂，他给每个孙子分配了羊的部位，其中分配给“Salur”的部位是古突厥人视为最尊贵的部分——羊背子，可见，撒拉人的祖先“Salur”在乌古斯可汗心目中地位是高于其他孙子的。秉承这个传统，撒拉人到现在仍然将羊背子视作羊肉中最好的部位，往往只有家庭中舅舅、村落的阿訇和尊贵的客人才有资格享受羊背子。

从羊肉中切割羊背子是要有一定的技术要求的，不是任何人都可以切割，只有经常从事屠宰的人或具有一定生活阅历的人才可以从羊肉中分离出羊背子。羊的屠宰也有一定的要求，完全是按照伊斯兰教教义规范进行屠宰。屠宰完成后，把羊肉倒挂在房屋外面的梁上，把羊的内脏部分取出后，熟练的人即可以把羊背子小心翼翼地分离出来。

羊背子只有按照一定方法煮熟后才送给尊贵的客人，在煮羊背子前，要将羊肉的边缘部分用木签固定好，免得在煮熟时羊肉收缩，煮肉时，对火候、水量的多少、调料的种类都有详细的要求，调料基本上是当地生产的花椒和一定量的盐粒，其他调料一般不用。煮到八成熟即可捞出，去掉木签，羊背子就显得很完整美观。

在乌古斯汗时代，撒拉人的先民即有给牛羊等牲畜烙印标记的习惯，他的 24 个孙子的标记都有所不同，其中“Salur”的标记一般是在牛羊的耳朵或在背上烙上印记，以示区别不致混淆。这个习惯一直延续到现在，撒拉人在自家的羊耳朵上打个眼，系上花布条，或在羊背上烙上各种形状的符号作为标记。这样，就可以很明显地与邻家的羊群区别开来。这些传统习惯的传承和保留，说明撒拉族自先民开始就创造了关于畜牧或牲畜养殖的丰富的知识，而这种知识之所以能够在举族迁徙后仍然得以传承和保留，也说明了撒拉族的畜牧业生产本身从来没有断绝过。由此，我们也可以推论出，畜牧业生产尽管不是近代以来撒拉人最重要的生产方式，但也不能否认畜牧业生产对于撒拉族生产生活和礼仪交往中的重要价值。

第二节　黄河浪尖上的“筏子客”

在循化县城黄河岸边，有一座撒拉族男子抢渡黄河的“筏子客”的立体雕塑，雕塑充分展示了撒拉人的力量与胆识，男子汉们饱满的肌体、夸张的动作令人震撼。历史上的“筏子客”，在撒拉族中有着崇高的地位，只有那些膂力过人、胆量超群的人才可以充当“筏子客”。

循化境内的黄河大约有 90 公里，河床较宽，水流较为缓慢，在黄河两岸密布着撒拉族的村庄。但是，黄河进入积石峡后，河床变窄，激流滔天，水急浪高，有很大的风险。撒拉人自幼便与黄河打交道，练就了很好的水性。在过去陆路交通不太发达的时代，黄河便成了连接撒拉人与内地交往的交通要道。据老人回忆，撒拉人过去曾经将青海的畜产品特别是羊毛（西宁毛非常有名）、木材等货物放在“筏子”（分牛羊皮筏子和木头筏子两种）上运送到兰州、包头，最远到过天津码头。一位美国学者对19世纪末期至20世纪初通过黄河运输羊毛的雄壮场面进行了非常生动的描述：

当清明过后，黄河冰冻融化时，羊毛公司利用水路运输羊毛的各项工作就开始办理了。从上年秋天开始，羊毛像山一样首先被堆积在西宁附近的黄河两岸，等候装进皮筏之中运输。从古到今，在边境高山丛林中奔腾咆哮的河流上，皮筏子是一种最理想的交通工具。皮筏子，当地叫浑脱，全由皮做成，这些皮是从被宰了的牛羊身上剥下的。在牲畜的咽喉被切断后，首先在牲畜的后腿肉上切开一个小孔，再将空气沿这个小孔吹进，迫使牲畜的尸体鼓起来，直到尸体的皮能被剥下为止，皮被刮得干干净净后，通过密封住留在头上、前后腿上的切口，制成能膨胀的袋子，再给皮子里填上菜油和盐，再将它从里到外阴干，然后往此牛皮袋中足足装进一百五十斤羊毛，装完后，使它膨胀，再密封。一百二十个牛皮袋子被连成一排，用绳子捆在一起，再将木板或者圆木放在皮袋子上捆紧，作为船员、乘客及货物的临时甲板，像专业水手操纵的浮船一样，穿越湟水和黄河上游的浅滩，对于皮筏子来说，只是雕虫小技。

大多数船从西宁起航，沿河而下，在临近兰州时转航于黄河。来自于洮州、河州和循化的运载羊毛的筏子，从大夏河就开始了他们漫长的旅程，在永靖附近再转入黄河中。甘

> 肃的回回船工，大多来自皋兰和导河（今临夏等地），他们操纵着筏子很快地越过许多地区而到达兰州。在这一段水路中，筏子的规模很大，五百个牛皮袋子组成的筏子可运输六千到七千斤羊毛。①

撒拉族的水运业与黄河有关，历史上的黄河没有桥梁，全靠羊木瓦（一种独木舟，撒拉语称“sal”）和皮筏子，黄河沿岸的人民与对岸交流，完全依靠自己的水性过河。木瓦是一种原始简单的渡河工具，单个木瓦状如独木舟，由长约 3 米的圆木凿空而成，宽仅能容人，可乘客三四人。渡黄河时，将木瓦推入水中，人坐其中，双手紧抓两沿，以保持身体平衡。桨为家用木锨或铁锨，由两个水手分别在木瓦两头划水，前面一人保持方向，后面一人奋力划水，推动木瓦前进。若河面浪高风大，波涛汹涌，就有可能发生翻瓦落水事故。因此，一般将两三只木瓦头尾并排系在一起，以使木瓦在大风大浪中保持平衡。为了协调动作，众水手及乘客都要唱起那震撼四野、铿锵顿挫的渡船号子，一人领唱，众人应合。排山倒海般的波涛，随风飘舞的木瓦，以及一望无际的蓝天组成了一幅震撼人心的画面，而那凝重嘹亮的号子声久久回荡在水面，这一切充分显示了撒拉民族与大自然搏斗时一往无前的气概和强悍不屈的精神。

羊皮筏子的制作很有讲究，大多数羊皮筏是单人的。一般程序是先屠宰羊，按要求将整张羊皮整体从羊身上剥离开来，然后在盐水里将羊皮泡软，并用菜子油擦拭、揉搓，待羊皮完全软化后，将四只脚的位置扎紧，不致漏风即可，脖子处是敞开的，等到使用时，将衣服等物装到羊皮里，再吹气使之鼓起，然后扎紧吹气口。过河时，羊皮

---

① ［美］詹姆斯·艾·米尔沃德著，李占魁译．1880～1909 年回族商人与中国边境地区的羊毛贸易．甘肃民族研究，1989（4）．

筏子的某一处用一根短绳子拴紧套在过河人的脖子上，用左手将羊皮筏子紧紧压在身子下面，右手划水，不一会儿便可渡过黄河到达对岸，从事生产活动。

羊皮筏子　（马建新摄）

运送货物的筏子分为两种，一种是牛羊皮筏子，一种则是木筏，类似于木排，牛羊皮筏子的大小视牛羊皮的多少而定，普通的牛羊皮筏子由九个牛皮或羊皮组成。牛羊皮筏子吹气后，紧紧地捆绑在数根木排上，木排在上，牛羊皮筏子在下，用牛羊皮的浮力承载货物，运送到对岸或是沿河流往下游地方顺流而下。

木排的制作与内地一样，即把数根木头并排连在一起固定好，货物就放在木排上面。木排在运送过程中，最为担心的是河中暗礁或河边岩石卡住木排，这时就需要有超人胆识和技术的人下到水中将卡住的木头砍断，这是非常危险的事情，一不小心则自己受伤或葬身水中。因此，在撒拉族的语言中，“筏子客”是勇敢和胆量的象征，是硬汉的象征。新中国成立前，“大批农民到同仁、贵德去伐木，或往兰州、包

头等地放筏子。伐木是很主要的一种副业，技术也较高，清水乡每年到木场做工的人，要占该地青壮年总数的50％。”① 可见，伐木是撒拉族青壮年过去从事的主要职业之一，它不仅增加了农民的收入，而且锻炼了体魄，增长了见识。

第三节　市场经济中的弄潮儿

撒拉族在历史上具有长期从事市场经济的传统和丰富经验，市场经济究其本质而言也是一种商品经济。撒拉族自从明清时期参与茶马互市以来，不论是与官方的贸易，还是私下经营，均在茶马经济贸易交往中显示了其良好的本领，获得了良好的口碑。清乾隆四十六年反清起义爆发后，由于官府实施严厉的控制措施，经济贸易活动也随之被取缔，这种政策一直持续到清朝末年。清朝末期，随着国外洋行进入撒拉族地区，撒拉族人民也卷入了世界资本主义的经济体系，当地的羊毛、皮革、大黄等土特产被洋行收购，而布匹（洋布）、火柴（洋火）等商品倾销市场。到了1933年，国外洋行商品更加大量地倾销到包括循化在内的青海东部地区，循化市场上的外国货都转运自天津、汉口等地，以布料、棉线和装饰品最多，其中来自日本的货物占30％左右。除此之外，来自西藏的英国货（俗称藏货）还有斜纹布、糖和锅等。民国时期，随着对撒拉族地区控制的放松，贸易活动逐渐恢复，随之在循化县形成了几个市场中心并形成网络。“由于商品经济有了一定程度的发展，循化又处于临夏、夏河、同仁等牧业交错地区，是农牧业产品交易的要地。……如解放前夕，街子、白庄就有40％以上农户做小生意。小商贩活动促进了不同地区的物资交流，活跃了农村经

① 中国科学院民族研究所青海少数民族社会历史调查组编．撒拉族简史简志合编（初稿）．1963：38～39.

济，加强了各族间的经济联系。”①

新中国成立以后，特别是自党的十一届三中全会召开之后，我国的改革开放逐渐深入，经济社会得到较大发展，撒拉人又以饱满的热情投入到市场经济的潮流中。传统的个体私营经济逐渐得到恢复，撒拉人带着少量的资本金到青南地区、西藏、四川藏区等地进行畜产品贸易，慢慢积累资金。有的人开始在本地开办小型畜产品加工场，或经营餐馆，有的人联合兴办客运公司，经营客运业务。目前，撒拉族地区先后培育出了雪舟三绒集团、伊佳公司等轻纺企业，仙红、天香、雪驰、阿丽玛等农畜产品加工企业，青海兴旺集团等建筑企业，谢坑铜金矿等矿产资源开发企业。其中，雪舟商标被评为中国驰名商标，成为青海省第一个驰名商标。伊佳公司是目前亚洲最大的穆斯林用品生产企业，其产品占国内穆斯林用品市场95%的份额，而且在国际市场上也是供不应求，具有广阔的市场前景。该企业生产的“布哈拉”牌民族帽被中国名牌战略推进委员会确定为“中国名牌”产品。

在市场经济的大潮中，大浪淘沙，一部分民营企业因为不能适应市场的发展规律而被淘汰出局。比如，随着青藏铁路的开通，原在格尔木的汽车运输企业遭到重创，很多汽车运输公司纷纷倒闭。据2007年调查，在格尔木市从事客运、货运以及相关餐饮、住宿、汽车修理、加油、装卸等行业的撒拉族从业人员有16 840人，运输业成为循化县劳务输出收入和就业人数仅次于餐饮业的第二大支柱。但是，青藏铁路的通车使得撒拉族汽车运输业几近瘫痪。面临这个沉重的打击，撒拉人开始寻找转型的途径，并在很短的时间内迅速转变观念，重新筹措资金，积累资本，转而经营旅游、宾馆、餐饮等其他产业。20世纪90年代，循化县一窝蜂开办了40余家绒毛加工企业，引起原料、销售、人才等的无序竞

① 中国科学院民族研究所青海少数民族社会历史调查组编．撒拉族简史简志合编（初稿）．1963：39.

争，绝大多数绒毛加工厂在市场竞争中遭到失败。但是，通过兴办各种企业，在市场竞争中锻炼了一批人，他们在以后的企业经营中变得更加理性，更能够适应市场经济的发展规律。

在我们多次与撒拉族群众进行讨论时，他们对国家实施的改革开放政策、市场经济政策拍手称快，他们由衷地感谢邓小平这位改革开放的总设计师。他们认为，20 世纪 80 年代实行的土地联产承包责任制大大地解放了生产力，随之而来的市场经济又允许人们自由贸易，在市场经济政策下，大家可以充分发挥自己的聪明才智，这是有史以来最令人高兴的事情。撒拉族历来就有经营商业的传统，而市场经济政策为撒拉人充分发挥其特长提供了良好的外部环境，市场经济政策使他们如鱼得水，他们在市场经济大潮中自由驰骋。尽管市场经济浪潮中有风浪、有风险，但是，撒拉人不畏艰险，仍然以饱满的热情从事着商品经济。如今，一些大型企业正在向现代企业制度转型，而曾经从事小本经营的个体工商户也都在市场经济的历练下向规模经营转变。

第四节　青藏高原上的“藏客”

撒拉族对远赴藏区做生意的人有一个专用称呼叫“走藏”，实际上是“藏客”一词的另一种称呼。撒拉人“走藏”有着久远的历史传统，早在明清时期“茶马互市”的时候，撒拉族是河州卫的纳马十九族之一，每年通过茶马司纳马贸易。明洪武时制定“金牌信符”制度，撒拉族领有金牌一面，每年纳马 80 余匹，到嘉靖三十一年（1552 年）整理金牌时，撒拉族有两面金牌，足见其纳马的数量远超以前。据芈一之先生推断，撒拉族在那时从事的职业农牧兼具，如果没有一定数量的畜牧业，就无从进行茶马互市了，这种推断有一定的道理。[①] 但是，

① 芈一之．撒拉族史．四川民族出版社，2004：73.

根据循化县所能畜牧的草山面积和族群分布情况来看，笔者以为，大多数马匹还是从附近的牧区交换来的，撒拉族起到了中转销售的作用。撒拉族与藏族的贸易活动不是近代才有的，撒拉族与藏族密切的经济交往有着久远的历史传统。根据历史文献记载，早在明朝时期，撒拉族与藏族既有对周围草山的争夺，又有着密切的互动。正是在这样的交往中，建立了两个不同信仰群体之间长久的经济文化上的互补、互惠和互助。

清乾隆四十六年（1781 年）之后，由于苏四十三起义的影响，撒拉族经济生活甚至日常生活受到了前所未有的限制，不要说是与其他民族交往，连本民族村落之间的交往也受到严格禁止。“撒喇回民不许私行，出入内地贸易者，土司呈厅给路照，移明所至州县，变货毕，速令回巢，各关隘派兵巡查，无路票及所载不符者拿究，每季按起数造册结报。”[①] 在这种严厉的管控之下，撒拉族与藏族及其他地区的经济贸易往来受到了很大的影响，这种状况一直持续到清朝末年。

但是，野火烧不尽，春风吹又生。进入民国以后，随着对撒拉族社会控制的放松，加之大量青壮年男子被马家军阀征用，撒拉族与周边民族交往的环境宽松了，又可以进行民间贸易了，而首选的贸易对象仍然是邻近的藏区，“走藏”又成为撒拉人经济生活的补充。

“走藏”的范围起初是循化周边的牧区，这里临近藏区，不过一日路程，一般情况下，货物交换完后即可当日返回，或者干脆住在临近藏族朋友家中。撒拉人在循化藏区都有自己的“达尼希”（撒拉语，熟人之意），而藏族在撒拉族村落中也有自己的“许乎”（藏语，朋友之意），“达尼希”与“许乎”尽管是不同民族语言对民族关系的称呼，但是这种无数家庭数代人之间建立起来的友好民族关系，是在长期的经济贸易往来和彼此的信任中建立的，这种关系一直持续到 20 世纪

---

① （清）龚景瀚．循化志（卷八《回变》）．青海人民出版社，1981：318.

末期。

随着市场经济大潮的来临，周边藏区的资源和与藏区小规模的交换已经不能满足撒拉族地区乡镇企业或家庭经济的需要，撒拉族把目光投向更远的藏区。自 20 世纪 80 年代改革开放以来，撒拉人去青南牧区、西藏、四川甘孜、阿坝等地经商的人越来越多了，藏区的牛羊、畜产品、虫草、金子等物产成为撒拉族贸易的主要货物，“走藏”的人群前所未有的增加，这一方面极大地活跃了藏区经济市场，另一方面也发展了撒拉族地区的民营经济，实现了互利共赢。

第五节　走向全国的撒拉人家

撒拉族饮食文化以浓郁的民族、地域特色在中国饮食文化中独具一格，是争奇斗艳的中华饮食文化园中一朵盛开的奇葩。别具一格的经济生活，全民笃信的宗教生活，以及独特的地理、社会生活环境使撒拉族饮食文化具有鲜明的特色。甘青地区撒拉人的清真饮食普遍享有盛誉，著名民族学家、人学学家、社会学家费孝通先生在一篇题为《撒拉餐单》的文章中对撒拉族饮食赞誉有加。

撒拉族的饮食种类明显受到其经济类型的影响，以自己生产的农作物为主，有面食、肉食和饮料等。主食为小麦面，辅以青稞面、荞麦面、豌豆面、洋芋及各种小吃和蔬菜，主食通常做成馒头、烙饼、馄锅馍、面条、面片、拉面、稀饭和搅团等。逢年过节和婚丧嫁娶时，则炸油香、馓子、鸡蛋糕，蒸包子，煮手抓羊肉，炒各种菜，做碗菜、火锅等。下面主要介绍几种富有特色的食物。

一、面食

馒头是撒拉族常吃的食品，以白面为主，过去也以杂面、玉米面做成。馒头蒸熟前，多在上面用菜刀轻轻一切，蒸熟后不仅形状好看，如一朵热烈开放的花朵，而且酥软可口，非常好吃。撒拉族还常用香豆、食油或芝麻等为佐料，涂擦于揉好的面上，做成形状各异的花卷。在探望病人或远出时，他们有时要做成一种巨型花卷，这种花卷是把香豆、芝麻等涂抹到白面上，然后层层卷成一大团，放于蒸笼上蒸熟。一扇蒸笼上蒸一个，一般蒸笼多大，蒸出来的花卷也多大。

撒拉族烙饼有两种：一种是不润食油，直接将揉好的面擀好后烙制而成，称为锅盔，锅盔的直径约为30厘米，厚度约为3厘米，有的甚至有七八厘米厚；另一种是润以食油，烙熟后酥甜可口，味道香浓，而且存放时间长，称油锅盔。

面片，撒拉语称“它的干阿西”，意为“揪的面”，另外还有“尕面片”、“指甲面片”等名称，用以形容面片的小、薄、精致。面片是日常面食中最常见的也是最受欢迎的食物之一，其特点是滑溜、柔韧、肉嫩、汤鲜、味香。撒拉族的面片讲究小、薄，且自然弯曲。一般将白面粉加水揉好，然后搓成大拇指般粗细的条状，润以食油放在盘子里用盖子盖住，稍加发酵后就可在烧沸的水中揪入，善于揪面片的人，动作快，且不揪出锅外。等面片煮熟后，可直接往锅里倒进炒好的葱、肉丁、辣子等菜搅和而成，也可以将面片捞出来放在炒锅里再炒，然后再搅进炒好的菜。如今在市场经济的条件下，撒拉族四处闯荡，把清真饭馆开遍全国各地，撒拉族面片也随之走出循化，走向青海，走向全国了。

碎饭也是撒拉族人民非常喜爱的面食品种之一，撒拉语称“才吉地力阿西”，意为“雀舌饭”，相当于棋花面，但比一般的棋花面薄小，特别适合老弱病人食用。费孝通先生在品尝了撒拉族的这种面食后，惊叹不已，他说：“最后还有一手，是雀舌面。面食种类多矣，我过去总以为面食花色到了山西也就到达了顶峰，想不到撒拉族还能在面食

上独出心裁，破了纪录，它不是条形、不是块状，而是模仿麻雀舌尖的大小厚薄和形状制成的面粒，进口后，不拖舌，不哽喉，对老年人特别适宜。”①

蚯蚓饭，撒拉语叫“索格勒将阿西”，因形似蚯蚓而得名。一般用青稞面做成，将青稞面揉好后，用手搓成蚯蚓状的条条，然后放在蒸笼中蒸熟，再用葱、辣子、肉丝等炒成菜，搅和在饭中，若再佐以辣酱、蒜泥为调料，是再好不过的了，这种饭是调换口味的佳品。

包子也是撒拉族饮食中的佼佼者，有糖包、肉包、死面包子等。糖包以白糖或黑糖为馅，有时适当拌以葡萄干等干果，用手捏制而成。肉包，用萝卜丝、洋芋、韭菜等拌以肉馅捏成。死面包子，是以未发酵的面作包子皮，以韭菜等为馅做成。蒸熟后，再在上面倒点熟油，然后蘸着辣子、醋吃，别有一番滑润细嫩的感觉。

面食　（邵维善摄）

炸制技术是中国清真饮食文化中的传统技艺，撒拉族的油炸面食也非常富有特色，最有代表性的要数馓子和油香了。在《循化志》中谈到撒拉族婚礼时说：“其送亲男眷不入门，环坐野地，婿家以牛肉、馍馍、油面疙瘩、馓子饷之。”馓子早就出现在中国古代史书中，当时称其为“寒具”、“环饼”、“捻头”等，其独特的色泽、香味、质地、形态曾引得无数文人墨客的称赞。宋代著名诗人苏东坡有诗曰：

纤手搓来无数寻，

① 费孝通．文化随笔．群言出版社，2000：187.

碧油轻蘸嫩黄深。
夜来春雨浓于油，
压褊佳人缠臂金。

然而这种佳美的食物在中原地区已失传或退化，相反在西北地区信仰伊斯兰教的撒拉族、回族、维吾尔族等民族中却得到了发扬光大。油香的形状如饼子，但大小有所不同，有的直径约15厘米，而有的约30厘米。撒拉族在红白喜事中有馈赠食物的习俗，作为馈赠的油香必须要大点，而且色香味俱全，以期得到客人的认可。撒拉族若到谁家做客，吃完后对食物质量都要议论一番，因此撒拉族做客或请客都十分注意饮食的质量卫生等，而作为馈赠用的油香，其地位在撒拉族饮食生活中由此可见一斑了。一种称为“古古玛玛”的油炸食品在撒拉族传统民俗生活中也占有非常重要的地位。它是将类似炸油香用的面擀成薄片，然后切成正方形或菱形小块，放入锅中炸制而成，它有酥脆干甜的特点，尤其在孩子们眼里更具有很强的诱惑力。当谁家婴儿满月出门时，小孩们争相告知，涌向该家门口，主人家便把“古古玛玛”施散给小孩们。过去，婚礼结束时，也把“古古玛玛”散给参加婚礼的人。

锟锅馍馍是撒拉族妇女精心烤制的又一佳食。将揉好的面放入用铜或生铁、铝制成的锟锅中，然后将其埋于草木火中，慢慢烤制，烤制出来的馍馍，脆而不松，焦而不糊，酥香可口。其表面有的还饰有各式花案，显得美观大方。锟锅馍馍不仅是撒拉人的主食，也是用以走亲访友时的馈赠佳品。在过去，撒拉男子汉出门务工经商，临行前都要带几个散发着浓郁家乡气息的锟锅馍馍。

油搅团是撒拉族特有的一种面食。其做法是：在油锅中徐徐撒入面粉，不断搅拌而成。妇女生孩子后，其亲戚朋友们都要带一盘油搅

团去看望她；在结婚时，送亲路上，各沿路女乡亲们都要做好一大盘油搅团恭迎招待。辅以佐料的油搅团吃起来更是清香可口。

二、肉食菜肴

由于突厥民族文化和高原地理条件的影响，撒拉族对肉类食品情有独钟。同时，由于伊斯兰教的影响，撒拉族的肉类食用严格遵从清真规定，他们不吃自死肉、猪肉、非诵真主之名而宰的动物肉及勒死的、跌死的、病死的、被野兽吃过或咬伤而死的动物肉等。他们主要食用牛、羊、鸡、鱼、驼、鸭等肉。用这些肉类做成的碗菜、手抓羊肉、肉份子、羊背子、肥肠等，是极具撒拉族特色的饮食品种。

碗菜是撒拉族饮食中最典型的一种农牧结合的风味佳肴。它是以羊肉、洋芋、萝卜和粉条等为原料，辅以姜、蒜、花椒等调料而做成的一种烩菜。在婚丧嫁娶等活动中，碗菜是必备的菜肴，而且每人只有一碗。

火锅是循化地区颇具特色的一种饮食，在撒拉族婚礼等筵席中，最后一道压轴戏便是火锅。在第一道食物开始前，就有专人准备火锅。火锅中的配料大多是牛肉片、土豆块、萝卜片、粉条、蒜苗、盐、花椒等。把配料放进火锅后，倒一些肉汤或水，然后添水烧火锅。烧火锅时，火力要均匀，时间也要掌握得恰到好处。火锅讲究汁水滚烫，味道纯正，并且最底层为土豆、萝卜等，上面放粉条，最上面铺两层牛肉片。过去，撒拉族火锅都是烧制而成的陶瓷火锅，现在逐渐被铜制火锅所代替。家道殷实人家一般都购置有火锅，除宴席上使用外，平常来贵宾时也做火锅。其他人家需要时，向他们借用，用完后，火锅当中要回送包子、肉份子等。

手抓羊肉是撒拉族最爱吃的一种食物，它也是用以待客的最隆重的食物。撒拉族吃羊肉手抓颇有讲究，一肉要新鲜，二要吃羯羊肉，三肉要肥瘦相间，四要用当地花椒等为调料。羊背子、肉份子等也是撒拉族饮食文化中独具特色的内容。在民间歌谣中这样写道：

羊背子，肉份子，
油饼子，菜包子，
肉碗子，火锅子，
样样摆在我们面前。

羊背子是用羊的脊背煮成的，在婚礼中献给舅舅等最重要的客人。羊背子在古突厥民族中是一种高贵的肉食。据历史文献记载，所有古突厥人都将羊背视为珍肴，专门用它宴请汗、大臣等重要人物。可见，撒拉族的羊背子之俗有着悠久的历史。肉份子，是在红白喜事中送给客人的巴掌大小的肉块，一般每人一份，但大小有所不同，带尾巴的部分送给阿訇，其他按大小送给老人、中年人、年轻人和小孩等。切肉份子时需要精湛的技术，否则，不是把肉砍得七零八落，就是肉份子不标准，浪费肉。

肥肠是往牛羊等肠里灌入馅子做成的一种食品。其制法是：将牛羊肠洗得干干净净，然后将洗净切碎的肝、肺、心、肾等拌以姜、花椒粉、盐、葱和面粉等作馅，灌入肠内，扎住肠子的两端，下于锅中，并随时以小竹签扎肠，以免肠裂，煮熟后拌以辣酱等佐料食用。

三、饮料

撒拉族禁止喝酒，但其茶文化却非常丰富，既有其自制的麦茶、奶茶等，又有高原各族共同喜欢的清茶、酥油茶和盖碗茶等。

麦茶是用炒麦熬成的茶，是撒拉族的传统饮料，一般将小麦炒熟后捣碎，再将炒苦杏仁、盐等掺和进去，可即泡即饮，有保暖、止渴、

开胃、健脾之功效。奶茶是许多游牧或半农半牧民族的传统饮料。撒拉族祖先曾为游牧民族，到循化后畜牧业一直是撒拉族经济的重要组成部分，因此自然地形成了撒拉族的奶类饮食文化。若谁家的牛下了小牛犊，谁家就酿制醇香甘冽的奶酪，要分赠给阿訇、亲戚和邻居等，分享家中增加小牛犊带来的欢乐。他们先把水烧开，放进茯茶和盐，再度烧开后倒入牛奶等，并掺入少许核桃仁、炒苦杏仁等，等奶茶煮沸之后饮用，其味浓香可口，而且有滋补保健作用。酥油茶是饮料中的佳品，撒拉族目前自己并不生产酥油，但他们每年千方百计地从邻近藏区买来一点，或在斋月时期饮用，或用以招待贵客。除了泡入开水中蘸馍馍饮用外，他们还用酥油拌着糌粑吃。

清茶是用产于湖南等地的茯茶熬制而成的茶，是撒拉族人民最主要的饮料。熬清茶时，先用茶壶将水烧开，然后放进茶叶，并调点盐，有时也调花椒粉、姜粉或草果粉等。撒拉族聚居地循化原属河州（今甘肃临夏），而河州自唐以来就是中原王朝与少数民族进行茶马交易的市场之一，明清时期，撒拉族成为河州领茶中马的十九族之一。因此，长期以来茶不仅是撒拉族日常生活中的必需品，而且也成为他们生活中的一种文化物，它已渗透到撒拉族生活的方方面面，如婚事中有定茶、彩礼茶、人情茶、舅舅茶、媒人茶等，在丧事中有施散茶，平时人情往来也是以茶作为礼品。现在的撒拉族地区，在丧事活动中施散一千包茶砖的并不鲜见。由于生活水平的提高，其他各种精致花茶等也是撒拉族茶盅中的常用茶，人们已不太饮用茶砖，但若到婚丧嫁娶时节，走进撒拉族人家，你会依然发现院中堆积如山的茶砖，贺喜或吊唁的客人都带着茶，有的带两三包，有的带四五十包。

盖碗茶是后来兴起的一种较时尚的饮料，因其茶具融茶碗、碗盖和掌盘为一体而得名，又称“三炮台”，其中所沏之茶为花茶、绿茶等。撒拉族饮盖碗茶俗称“刮碗子”。若你到他们家做客，他们首先端

盖碗茶与干果　（马伟摄）

出碗子，泡茶让客人饮用，然后再叙说正事。刮碗子要讲究茶叶新鲜，颜色纯正，要配以桂圆、冰糖、红枣、核桃仁、杏干、葡萄干、枸杞子等；讲究茶水纯净无染，讲究饮用刚烧开的水，讲究炊具专用，而且他们很喜欢收藏茶具，至今在许多撒拉族人家你仍然能见到七八十年前制作的用于烧水的火壶，人们对当时名闻一时的“义信马”火壶还记忆犹新。此种火壶外形似高脚酒壶，有壶身、壶嘴、壶脚，内有烟炉。若有客人来，用它烧开水供人喝，然后边烧边喝，不断续水，顷刻之间水便沸腾起来，因而俗语云，“喝暖瓶水，喝死水；喝火壶水，喝牡丹花水”，意指倒进暖瓶里的开水已经凉了不好喝，不新鲜，而火壶当中烧开的水沸腾不息，如盛开的牡丹花，饮用此水，会顿觉神清气爽，尤其两三好友集聚聊天，此物更添不少雅趣。

四、饮食产业

21 世纪以来，随着青藏铁路的建设和开通，国家对藏区特别是三

江源区等地的生态环境保护力度的加大，很多地区开始禁采虫草，禁止淘金，加之对藏区资源的竞争等因素，民族关系渐趋紧张，在藏区做生意不像以前那么方便，撒拉人开始把目光转向全国各地，一部分在 20 世纪 80 年代已经向内地大城市转移的农民发现了更大的市场。

凭借从事餐饮的优势，20 世纪 90 年代以后，撒拉人把餐饮业作为外出务工的第一选择，餐饮业的投资周期短见效快、风险小，既可独立经营，也可几家联营。据统计，北京市约有 700 家撒拉人开办的餐馆，每年纯收入 3000 多万元。截至 2007 年 5 月底，除北京外，包括郑州、杭州、上海、广州等地在内的全国 55 个大中城市中，由撒拉人经营的“撒拉人家”特色清真拉面馆已达 3100 多家，从事餐饮业的人数12 000人左右，年收入在 1.5 万元左右。从事“拉面经济”所得来的收入远远大于农业收入，这个数字说明，占总人口 1/10 的撒拉人开始从事餐饮业。如今，“撒拉人家”在全国省会城市中实现了全覆盖，实现了费孝通先生早在 20 世纪 80 年代所期望的“撒拉餐单别具一格。我希望有一天在各大城市里有专设撒拉馆子，可以供应群众一尝农牧结合的独家风味。”① 撒拉族餐饮业在全国各大城市的迅速发展，一方面得益于比较宽松的户籍政策和对农民工进城务工人员提供就业机会的大环境；另一方面也极大地发挥了撒拉人的特长，特别是循化县政府因势利导，积极培训，提供服务，从而成功实现了农业人口向城市的转移，缓解了循化县人多地少的矛盾。

循化县根据社会发展的需要，利用各种机会，因势利导，引导农民脱贫致富。其中，“阳光工程”就是见效较快的培训工程。自“阳光工程”技能培训项目实施以来，共投入各类培训项目资金 813 万元，组织开展中式面点、烹饪、汽车驾驶、民族刺绣、宾馆服务、砖瓦工、电焊

① 费孝通．撒拉餐单．群言出版社，2000. 转载于马成俊，马伟主编．民族小岛：新世纪撒拉族研究 2001～2009. 民族出版社，2009（5）.

工等为主的技能培训 422 期，培训人数达到 23 462 人，其中：烹饪 49 期 2257 人，拉面工 188 期 12 152 人，汽车驾驶员 63 期 2020 人，民族艺术 15 期 1645 人，农机驾驶与维修 10 期 500 人，砖瓦工 73 期 3761 人，电焊工 14 期 729 人，宾馆服务 7 期 398 人，培训就业率达 90%以上。

“撒拉人家”欢迎您　（张进成摄）

据统计，2010 年实现劳务收入 2.5 亿元，劳均收入达到 5484 元，人均劳务收入达 2180 元，人均劳务收入占到全县农牧民人均纯收入的 46.1%以上。在各项劳务收入中，第三产业输出比重和收入比重持续增大，共转移输出 30 280人次，占总输出的 65%，创劳务收入 19 220万元，占总收入的 74%以上。其中：在全国各地以拉面经济为主的餐饮业转移输出 20 970人次，收入达 13 930 万元；交通运输业转移输出 3480 人次，收入达 2270 万元；批发零售转移输出 3570 人次，收入达 1860 万元；其他第三产业转移输出 2260 人次，收入达 1160 万元。第二产业共转移输出 8200 人次，占总输出的 17%，创劳务收入 3710 万元，占总收入的 14%。其中：制造业转移输出 740 人次，收入达 470 万元；建筑业转移输出 7460 人次，收入达 3240 万元。以养殖业为主的第一产业共转移输出 8041 人次，占总输出的 18%，创劳务收入 2580 万元，占总收入的 12%。

这些数字表明，近年来在撒拉族农民自觉走向全国各地创业的过程中，政府相关部门的引导和服务是特别重要的。

参考文献

1. [法] 昂里·马赛．伊斯兰教史．商务印书馆，1978

2. [伊朗] 阿宝斯·艾克巴尔·奥希梯扬尼著，叶奕良译．伊朗通史．经济日报出版社，1997

3. 陈进惠．对撒拉族珍藏手抄本《古兰经》鉴定的初步见解．中国穆斯林，2004（6）

4. 陈云芳，樊祥森．撒拉族．民族出版社，1988

5. 冯承均译．多桑蒙古史．上海书店出版社，2001

6. 冯敏主编．循化撒拉族自治县文化资源开发研究．青海人民出版社，2000

7.（清）龚景瀚．循化志．青海人民出版社，1981

8. 顾颉刚．撒拉回．西北通讯，1947（1卷10期）

9. 韩建业．撒拉族语言文化论．青海人民出版社，2003

10. 韩建业．青海撒拉族史料集．青海人民出版社，2006

11. 敬东．试论乌古斯突厥蛮塞尔柱克人的联系与区别．西北民族研究，1996（2）

12. [波斯] 拉施特主编；余大钧，周建奇译．史集．商务印书馆，1983

13. [法] 勒尼·格鲁塞著，魏英邦译．草原帝国．青海人民出版

社，1991

14. 李得贤．关于撒拉回．西北通讯．1948（2卷2期）

15. 李树辉．论乌古斯和回鹘．喀什师范学院学报，1999（4）

16. 林莲云．撒拉语简志．民族出版社，1982

17. （清）罗正军纂．左宗棠年谱（第二册）·卷四

18. 马成俊主编．循化县社会经济可持续发展研究．青海人民出版社，1999

19. 马成俊．撒拉族作家文学两题．中国撒拉族，1994（2）

20. 马成俊，马伟主编．百年撒拉族研究文集．青海人民出版社，2004

21. 马成俊，马伟主编．民族小岛——新世纪撒拉族研究．民族出版社，2010

22. 马成俊．“许乎”与“达尼希”：撒拉族与藏族关系研究．西北民族研究，2012（2）

23. 马伟．撒拉族风情．青海人民出版社，2004

24. 马学义，马成俊．撒拉族风俗志．中央民族学院出版社，1989

25. 芈一之．撒拉族政治社会史．黄河文化出版社，1990

26. 芈一之．撒拉族史．四川民族出版社，2004

27. 慕寿祺．甘宁青史略．铅印本．1937

28. 南文渊．伊斯兰教与西北穆斯林社会生活．青海人民出版社，1994

29. （清）高宗实录·卷一千三百四十三

30. 青海民族学院民族研究所编．西海风情．青海人民出版社，1995

31. 青海民族学院民族研究所编印．撒拉族档案史料．油印本，1981

32. 青海省回族撒拉族哈萨克族社会历史调查．民族出版社，2009

33. ［日］片冈一忠著；秦永章，李丽译．试探清代的撒拉族．青海民族研究，1991（4）

34.《撒拉族简史》编写组．撒拉族简史．青海人民出版社，1981

35. 宋挺生校注．那彦成青海奏议．青海人民出版社，1997

36. ［苏］威廉·巴托尔德著，罗致平译．中亚突厥史十二讲．中国社会科学出版社，1984

37. 郗瑞生等．青海撒拉族体质特征研究．人类学学报．1995（1）

38. 循化撒拉族自治县概况编写组．循化撒拉族自治县概况．青海人民出版社，1984

39. 循化县文化馆编．撒拉族民间故事（第2辑）．油印本，1989

40. ［阿塞拜疆］雅沙尔·卡拉耶夫．操突厥语族语言民族的“父辈经典”——《先祖科尔库特书》．中央民族大学学报，2000（2）

41. ［美］詹姆斯·艾·米尔沃德著，李占魁译．1880～1909年回族商人与中国边境地区的羊毛贸易．甘肃民族研究，1989（4）

42. 中国科学院民族研究所编．撒拉族简史简志合编．1963

43. 中国伊斯兰百科全书．四川辞书出版社，1996

44. J. A. Boyle. *The Cambridge History of Iran* . London：The Syndics of Cambridge University press. 1968

45. Library of Congress-Federal Research Division，USA. *Country Studies*：*Turkmenistan*. http：//www. mongabay. com/reference/country_studies/turkmenistan/HISTORY. html（2007－8－27）.

46. Ma Wei，Ma Jianzhong，and Kevin Stuart，editors. *Folklore of China's Islamic Salar Nationality*. Lewiston，Edwin Mellen. 2001

47. M. Th. Houtsma Etc. Eds. *The Encyclopaedia of Islam*，Volme Ⅱ. London：Late E. J Brill Ltd，1927

48. M. Th. Houstma, A. J. Wensinck, H. A. R. Gibb, W. Heffening and E. Levi-Provençal ed. *The Encyclopaedia of Islam*. London: E. J. Brill, Leyden: Vol. Ⅱ. 1934

49. M. Th. Houstma, A. J. Wensinck, H. A. R. Gibb, W. Heffening And E. Levi-Provençal Ed. *The Encyclopaedia of Islam*. London: E. J. Brill, Leyden: Vol. IV. 1934

50. S. A. Niyazow. Ruhnama. http: //www. turkmenistan. gov. tm/ruhnama/ruhnama-eng. html (2007—8—22)

51. Tenišev, E. R. *Stroj Salarskogo azyka* (*The Structure of the Salar Language*). Moscow, Nauka. 1976

52. *The Book of Dede Korkut* (*Kitab-i Dede Qorqud*). Translated from Turkish into English and edited by Faruk Sümer, Ahmet E. Uysal and Warren S. Walker. Austin: University of Texas Press. 1972

53. V. V. Barthold, translated by V. and T. Minorsky. A History of Turkman People, in *Four Studies on the History of Central Asia*. Leiden: E. J. Briill. 1962

后记

当接到《中国少数民族人口丛书》编委会的通知，让我们撰写撒拉族分卷时，我们欣然领命。关于撒拉族，我们已经出版了《百年撒拉族研究文集》、《民族小鸟——新世纪撒拉族研究》、《撒拉族风俗志》、《撒拉族风情》、《*The Folklore of China's Islamic Salar Nationality*》等关于学术方面的著作，但用通俗易懂的语言将撒拉族作一全面介绍还是头一回。为了较好地完成任务，我们全面搜集、翻阅了有关撒拉族历史文化等方面的相关学术研究成果，将最新研究成果以较为客观的表述方式反映在本书当中。同时，在撰写书稿的过程中，我们又多次在青海省、甘肃省及新疆维吾尔自治区的撒拉族聚居地进行了细致而深入的田野调研，将各地撒拉族的社会文化生活以图文并茂的形式展现出来，以期读者能对撒拉族有一个较为全面而真实的了解。虽然我们作了很大努力，但由于时间仓促，加之本套丛书体例的要求，我们对某些问题的田野调研还不够深入细致，对个别问题的表述还不够精炼准确，甚至可能在某些方面还存在一些错误，个别地方行文仍难脱学术风格，在此恳请读者谅解。在本书写作过程中，我们参阅了许多文献，但由于体例所限，有些地方未能注明来源，在此对原文作者表示深深的谢意与歉意。对在田野调研中给予热情而无私帮助的各地撒拉族同胞，对提供图片的邵维善、马建新、张进成、韩锦华等先生表示由衷的感谢。愿这本书对了解撒拉族能有一定的帮助。

编　者

2013 年 5 月 4 日